Jonas van Melling

Koptische Christen

Jonas van Melling

Koptische Christen

Ursprung, Geschichte, Tradition

Fromm Verlag

Imprint

Bibliographic information published by the Deutsche Nationalbibliothek: The Deutsche Nationalbibliothek lists this publication in the Deutsche Nationalbibliografie; detailed bibliographic data are available in the Internet at http://dnb.d-nb.de.

This is a collection of documents. Some documents of this collection are extracted from Wikipedia, the free encyclopedia (www.wikipedia.org).

Pictures published in this book can be under different licences than the GNU Free Documentation License. You can get detailed informations about the authors and licences of pictures by searching the picture at www.wikipedia.org. Image description pages are tagged with a special tag to indicate the legal status of the images.

You can get detailed informations about the authors of this collection of articles at the end of this book. The editors (Ed.) of this book are no authors. They have not modified or extended the original texts.

Publisher:
Fromm Verlag is an imprint of the publishing house
VDM Publishing House Ltd.,17 Rue Meldrum, Beau Bassin,1713-01 Mauritius
Website: www.frommverlag.de
Email: info@frommverlag.de

Published in 2011

Printed in: U.S.A., U.K., Germany. This book was not produced in Mauritius.

ISBN: 978-3-8416-0038-7

Einleitung

Die größte christliche Gemeinde im Nahen Osten befindet sich in Ägypten

In der Neujahrsnacht 2011 wurden bei einem terroristischen Anschlag auf eine koptische Kirche in der ägyptischen Hafenstadt Alexandria über zwanzig Menschen getötet. Es war nicht das erste Mal: Weihnachten 2009 starben sechs Menschen vor einer Kirche im kleinen ägyptischen Ort Nag, als drei Attentäter aus einem vorbei fahrenden Auto auf sie schossen. Und 2001 wurden ebenfalls bei Massakern in al-Kosheh 21 Kopten getötet.

Angriffe solcher Art auf Christen häufen sich - weltweit. Es wird geschätzt, dass etwa 100 Millionen Christen auf der ganzen Welt Verfolgungen und Bedrohungen ausgesetzt sind. Die größte christliche Gemeinde im Nahen Osten befindet sich in Ägypten - und mit geschätzten acht Millionen Gläubigen stellen die Kopten den überwiegenden Teil. Etwa eine weitere halbe Million koptischer Christen leben in anderen Ländern (→ s. Kapitel *Koptische Kirche*).

Auch in Deutschland leben mehrere tausend Kopten in insgesamt acht Gemeinden. Die größte ist die St. Markus Koptisch-Orthodoxe Kirche Frankfurt (→ s. gleichnamiges Kapitel) mit rund 400 Familien. Daneben gibt es zwei Klöster, von denen das eine - Kloster Brenkhausen bei Hoexter - Sitz von Anba Damian ist, Generalbischof der koptisch-orthodoxen Kirche in Deutschland (→ s. Kapitel *Damian)*.

Die Weihnachtsmette der deutschen Kopten in der Nacht vom 6. auf den 7. Januar 2011 fand unter Polizeischutz statt, in einem Interview mahnte Bischof Damian die bedrohte Lage vieler Christen an: „Die Situation ist nicht gesund... Die merkwürdige fanatische Haltung, Christen mit allen Mitteln zum Islam zwingen zu wollen, hat enorm zugenommen."[1]

Lesen Sie in diesem Buch mehr über die koptische Kirche, ihre Wurzeln und ihre Geschichte allgemein sowie über die Kopten in Deutschland.

1 Vgl. WELT vom 5.1.11: „Wir sind Kinder der Märtyrer"

Inhalt

Artikel

Referenzen

Artikellizenzen

Koptische Kirche

Die **koptische Kirche** ist die christliche altorientalische Kirche Ägyptens mit je nach Quelle 5[1] bis 11[2] Millionen Gläubigen in Ägypten. Darüber hinaus gibt es kleine koptische Gemeinden in Libyen, im Sudan und einigen anderen Ländern.

Das Koptische Kreuz als Symbol der Koptischen Kirche ist eine Abwandlung des Jerusalemkreuzes.

Geschichte

Die Koptische Kirche geht auf das alexandrinisch-ägyptische Christentum der Spätantike (Patriarchat von Alexandria) zurück. Als Gründer der koptischen Kirche gilt der Überlieferung nach Markus, der Verfasser des Markusevangeliums, der im 1. Jahrhundert in Ägypten lebte, der erste Bischof von Alexandria war und 68 n. Chr. in Alexandria als Märtyrer starb. Deswegen wird die Kirche auch als alexandrinische Kirche bezeichnet.

Die „Hängende Kirche" in Alt-Kairo

Wachsende Teile der Bevölkerung Ägyptens traten bis zum 7. Jahrhundert der Kirche bei. Danach wurde die weitere Entfaltung des Christentums durch die islamische Eroberung Ägyptens eingeschränkt. Die koptische Kirche verwendet seit dem 2. Jahrhundert neben dem Griechischen die koptische Sprache bei Bibellesung, Gebet und Predigt und seit dem Mittelalter vorwiegend als Sakralsprache. Heute wird das Koptische nur noch selten als Alltagssprache benutzt, doch haben manche junge Kopten in den letzten Jahren begonnen, sich diese Sprache als Zeichen ihrer Identität wieder anzueignen (beispielsweise die Gemeinden in Frankfurt und Waldsolms).

In Folge der Auseinandersetzungen um das Konzil von Chalcedon 451 erfolgte die Spaltung der nicht-chalcedonischen oder altorientalischen Kirchen (u.a. Syrer, Armenier, Kopten, Äthiopier) und der chalcedonischen Kirchen (Orthodoxe Kirchen, Katholische Kirchen) über die Frage der gott-menschlichen Natur Christi.

Von den chalcedonischen Kirchen als Monophysiten bezeichnet, ziehen die altorientalischen Kirchen die Bezeichnung „Miaphysiten" vor und sehen sich in Ablehnung der von ihnen verurteilten eigentlichen monophysitischen Lehre. Um sich von den chalcedonischen Kirchen abzugrenzen, bezeichnet sie jene als „Dyophysiten".

Eine anlässlich des Konziles von Florenz am 4. Februar 1442 zwischen der Römisch-Katholischen Kirche und der Koptischen Kirche geschlossene Union blieb folgenlos. 1741, 1895 und 1947 gab es weitere Unionsversuche einiger

Kopten mit der römischen Kirche, in deren Folge es zur Etablierung einer konkurrierenden, Rom-unierten Koptisch-katholischen Kirche kam. Diese ist jedoch mit nur etwa 200.000 Gläubigen und von ihrer Bedeutung her nicht mit der Koptischen Kirche vergleichbar.

1988 haben beide Kirchen eine Formulierung angenommen, die die in Chalcedon manifestierten theologischen Meinungsverschiedenheiten nach über 1500 Jahren weitgehend ausräumt. [3]

Lehre und Struktur der koptischen Kirche

Der koptisch-orthodoxen Kirche steht ein Papst vor, seit 1971 ist dies Shenouda III. als 117. Nachfolger des Heiligen Markus. Das christliche Mönchtum hat seinen Ursprung bei den Kopten und bis heute in dieser Kirche eine reiche Tradition, es wurde durch den Heiligen Antonius (um 251–356) und durch Pachomios (um 292–346) begründet.

Die Kopten lehnen die Lehre des Ägypters Eutyches grundsätzlich ab (und sind damit keine Monophysiten), in der die menschliche Natur von der göttlichen quasi aufgesogen wird. Eutyches sprach von „einem Essigtropfen inmitten eines Meeres". Das Dogma der koptischen Kirche entspricht dem der Konzilien von Nicäa, von Konstantinopel und dem von Ephesos, auf denen die Kirchenväter sich einstimmig über Christi Natur festgelegt haben. Das Bekenntnis von Nicäa wird von der koptischen Kirche in der ursprünglichsten Form verwendet, wie das Konzil von Nicäa es verabschiedete. Darin heißt es: „Wir glauben an den einen Herrn, Jesus Christus, Gottes einzigen Sohn, geboren aus dem Vater vor aller Zeit, Licht vom Lichte, wahrer Gott vom wahren Gott." Es handelt sich hierbei um das gleiche Glaubensbekenntnis, wie es mit einigen wenigen Ergänzungen in vielen anderen Kirchen des Ostens wie des Westens verwendet wird.

Jesus hat dem koptischen Dogma zufolge eine gott-menschliche Natur, die so vereint ist wie Feuer und Eisen in einem glühenden Eisenstück.

Papst Dioskorus, der Patriarch von Alexandria, der auf dem Konzil von Chalcedon 451 den orthodoxen Glauben verteidigte, widersprach der Trennung beider Naturen Christi mit dem Ausspruch: „Ich sah Christus über Lazarus' Tod weinen, also ist er Mensch, ich sah ihn, Lazarus von den Toten auferwecken, also ist er Gott. Ich sah ihn im Boot schlafen, also ist er Mensch, ich sah ihn den Sturm stillen, also ist er Gott."

Besonderheiten

Von allen anderen orthodoxen und orientalischen Kirchen unterscheidet sich die Koptische Kirche im praktischen Bereich durch ihre Jugendarbeit, was mit der sog. Sonntagsschulbewegung zusammenhängt, die ebenfalls einzigartig ist, und ihre sozialen Dienste. Sie hat sogar ein eigenes *Bischofsamt für soziale Dienste und Ökumene*. Bildung spielt eine große Rolle, was aus der Christologie gerechtfertigt wird. [4]

Liturgie

Die Liturgie in der koptischen Kirche, deren kürzeste Form die Basilius-Version ist, dauert etwa drei Stunden. Sie besteht aus Morgenweihrauch, Stundengebet (dritte und sechste Stunde), Liturgie des Wortes (Lesungen, Evangeliumslesung und Predigt) und Anaphora (Liturgie des Leibes) mit Fürbitten, Gedächtnis der Heiligen und Kommunion. Die Liturgieform der koptischen Kirche ist der auf dem alexandrinischen Ritus basierende koptische Ritus.

Vor der Kommunion jeder Liturgie spricht der Priester die sog. „Homologia", in der er das Bekenntnis ablegt: „Ich glaube, dass dies der lebensspendende Leib ist [...] Er machte ihn eins mit seiner Gottheit ohne Vermischung, ohne Verquickung und ohne Veränderung. [...] In Wahrheit glaube ich, dass seine Gottheit seine Menschheit keinen Moment lang und keinen einzigen Augenblick verlassen hat."

Sitz

Das Oberhaupt der koptischen Kirche, der *Papst von Alexandria und Patriarch von ganz Afrika*, hat seinen Sitz offiziell sowohl in Kairo als auch in Alexandria. Tatsächlich wurde das Patriarchat aber bereits 1047 in das 973 zur Hauptstadt erhobene Kairo verlegt. Dort, im Stadtteil Abbassia, befindet sich auch das große Gelände des Patriarchats mit der 1968 geweihten Markuskathedrale und dem päpstlichen Palast. Konkathedrale des Patriarchats ist jedoch weiterhin die Markuskathedrale in Alexandria, ein Bau des 20. Jahrhunderts, der an der Stelle der der Tradition nach im Jahr 60 vom Evangelisten Markus gegründeten ersten Kirche der Stadt steht.

Nach der Verlegung des Patriarchats nach Kairo wurde zunächst die aus dem 3. Jahrhundert stammende Hängende Kirche im nilaufwärts des heutigen Stadtzentrums gelegenen Alt-Kairo (früher Fustat) päpstliche Kathedrale. Sie ist Mittelpunkt einer weiteren Ansammlung koptischer und christlicher Einrichtungen, unter ihnen die Georgskathedrale des griechisch-orthodoxen Patriarchats von Alexandria, das seinen Sitz ebenfalls in Kairo hat, und das Koptische Museum.

Vor der Weihe der heutigen Markuskathedrale in Kairo-Abbassia war die um 1800 von Papst Markos IX. geweihte Markuskirche im zentralen Stadtteil Azbakeya Kathedralkirche der Koptischen Päpste.

Verbreitung

Die im Folgenden angegebenen Mitgliederzahlen können nur geschätzt werden.

Afrika und Levante

- Für Ägypten gehen die meisten Quellen (CIA World Fact Book, ägyptische Regierungsstellen, deutsches auswärtiges Amt, Radio Vatikan) von 5 bis 10% Christen, davon über 90% Kopten aus. Der Fischer Weltalmanach 2008 nennt, wie auch koptische Quellen, wesentlich höhere Zahlen von 12-15% Kopten.[2]
- Äthiopien: Die Äthiopisch-Orthodoxe Tewahedo-Kirche (um die 40 Millionen Mitglieder) hat seit der Einsetzung durch Papst Kirellos VI. 1959 ihren eigenen Patriarchen in Addis Abeba. Der derzeitige Amtsinhaber Abune Paulos erbat und erhielt 1994 von Papst Shenouda III. die volle Unabhängigkeit für die äthiopische Kirche, die den Papst von Alexandria jedoch weiterhin als Ehrenoberhaupt und die koptische Kirche als ihre Mutterkirche anerkennt.
- Eritrea: Die zuvor zu Äthiopien gehörende eritreische Kirche erhielt 1998 von Papst Shenouda III. die Autokephalie als Eritreisch-Orthodoxe Tewahedo-Kirche. Der Erzbischof von Asmara wurde zum Patriarchen erhoben. Die Kirche von Eritrea hat 2 Millionen Mitglieder. Dessen Thron ist jedoch zur Zeit umstritten, da der von Alexandria und Äthiopien anerkannte dritte Patriarch, Abune Antoniyos für abgesetzt und unter Hausarrest gestellt und mit Abune Dioskoros ein nur von der eritreischen Regierung anerkannter Nachfolger inthronisiert wurde.
- Kenia einige jüngere Gemeinden
- Libanon ca. 2000 (offiziell vertreten durch die syrisch-orthodoxe Kirche)
- Libyen
- Sambia einige jüngere Gemeinden
- Simbabwe einige jüngere Gemeinden
- Sudan vermutlich 260.000 zu Beginn des 20. Jahrhunderts, rapide sinkende Zahl seit Einführung der Schari'a 1983
- Syrien

Europa

Das Kloster St. Antonius in Kröffelbach

- Deutschland: Kloster Brenkhausen bei Höxter (Bischofssitz); Klöster in Waldsolms-Kröffelbach (bei Wetzlar), Kirchen in München, Stuttgart, Frankfurt, Düsseldorf, Hannover, Berlin, Hamburg, Trier, Leipzig, Gemeinden ohne Kirchen in Bremen und Wilhelmshaven.
- Österreich: ca. 5000, seit 2003 staatlich anerkannt. Kloster in Obersiebenbrunn; Kirchen in Wien, Graz, Klagenfurt, Linz und Bruck an der Mur; Gemeinde ohne Kirche in Innsbruck.
- Schweiz: Gemeinden in Zürich, Basel, Biel, Vernier, Lausanne, Yverdon
- Vereinigtes Königreich: Mehrere Gemeinden in London, Birmingham, Manchester uvm. Daneben untersteht die Britisch-Orthodoxe Kirche seit 1994 dem Patriarchat von Alexandrien.
- Frankreich: Mehrere Gemeinden in Paris uvm.
- Italien: Gemeinden in Mailand und Rom uvm.
- Griechenland: Gemeinden in Athen uvm.

Asien

- Israel: Gemeinden in Jerusalem uvm.

Amerika

- Drei Diözesen in den Vereinigten Staaten mit deutlich mehr als einer Million Kopten (z.B. je über 20 Gemeinden in New York und Los Angeles) und Gemeinden in jeder größeren Stadt.
- Kanada (Montreal, Toronto, Ottawa, Vancouver)
- Brasilien kürzlich gegründete Diözese in Rio de Janeiro
- Bolivien kürzlich gegründete Diözese Bolivien

Australien

- Fast eine Million Kopten in Australien (Sydney, Melbourne, Canberra)

Bekannte Kopten

- Boutros Ghali, ägyptischer Regierungschef 1908-1910.
- Jusuf Wahaab Pascha, ägyptischer Regierungschef 1919
- Boutros Boutros-Ghali, Generalsekretär der UN (1992 bis 1996) und der Internationalen Organisation der Frankophonie (1997 bis 2002), einer Organisation französischsprachiger Länder.

Siehe auch

- Liste der koptischen Päpste
- Liste koptischer Kirchen und Klöster
- Christentum in Ägypten
- C-TV Coptic Channel Koptischer Fernsehkanal

Literatur

- Wolfgang Boochs (Hrsg.): *Geschichte und Geist der Koptischen Kirche*; Aachen: Bernardus-Verlag, 2. überarbeitete Auflage 2009; ISBN 978-3-8107-9184-9
- Albert Gerhards, Heinzgerd Brakmann (Hrsg.): *Die koptische Kirche*; Stuttgart: Kohlhammer, 1994; ISBN 3-17-012343-2
- Karl Pinggéra: *Die Koptisch-Orthodoxe Kirche.* In: Christian Lange, Karl Pinggéra (Hrsg.): *Die altorientalischen Kirchen. Glaube und Geschichte.* Wissenschaftliche Buchgesellschaft, Darmstadt 2010, ISBN 978-3-534-22052-6, S. 63-76.
- Jürgen Tubach, Sophia G. Vashalomidze (Hrsg.): *Stabilisierung und Profilierung der koptischen Kirche im 4. Jahrhundert. Beiträge zur X. Internationalen Halleschen Koptologentagung 2006* [Hallesche Beiträge zur Orientwissenschaft 44], Halle/Saale, 2007; ISBN 978-3-86010-979-3
- Jean-Pierre Valognes: *Vie et mort des Chrétiens d'Orient*; Paris: Fayard, 1994; ISBN 2-213-03064-2
- Brigitte Voile: *Les coptes d'Égypte sous Nasser: sainteté, miracles, apparitions*; Paris: CNRS, 2004
- Bernd Witte: *Die Sünden der Priester und Mönche. Koptische Eschatologie des 8. Jahrhunderts nach Kodex M 602 S.104-154 (ps. Athanasius) der Pierpont Morgan Library*, Bd. 1: Textausgabe; Arbeiten zum spätantiken und koptischen Ägypten 12; Altenberge: Oros, 2002; ISBN 978-3-89375-208-9
- Magdi Sami Zaki: *Histoire des coptes d'Égypte*; Versailles: Éd. de Paris, 2005; ISBN 978-2-85162-125-2

Einzelnachweise

[1] Harenberg Aktuell (von Meyers und Brockhaus herausgegeben), Seite 532: 94% Muslime gegenüber 6% Christen insgesamt (die meisten davon Kopten) / Spiegel-dtv-Jahrbuch 2004, Seite 54: 90% Muslime gegenüber 9% Kopten / Länderinformationen des Auswärtigen Amtes (http://www.auswaertiges-amt.de/diplo/de/Laenderinformationen/01-Laender/Aegypten.html): 90% Muslime gegenüber 6% Kopten / CIA World Fact Book: 10% Christen

[2] Einzig der Fischer Weltalmanach 2011, Seite 48, zählt 80% Muslime gegenüber 6-15% Kopten, führte aber 2006 noch 85% Muslime gegenüber 12% Kopten auf und 2003 noch 90% Muslime gegenüber 9-10% Kopten (6 Mio von 64 Mio), ohne eine Erklärung für diese erhebliche Verschiebung innerhalb nur fünf Jahren zu liefern. Ebenso unerklärlich habe sich bereits zuvor innerhalb von nur zwei Jahren (vgl. Fischer WA 1996, S. 59, und Fischer WA 1998, Seite 58) die Zahl der Kopten in Ägypten verdreifacht (von 2 Mio auf 6 Mio) und ihr Anteil damit von 4,1% auf 10,4% erhöht... innerhalb von nur zehn Jahren (vgl. Fischer WA 1996, S. 59, und Fischer WA 2006, S. 50) sogar vervierfacht (von 2 Mio auf 8,1 Mio)!

[3] Kath.net: Man denkt nur an eine gewaltsame Islamisierung Ägyptens (http://www.kath.net/detail.php?id=15777) 23. Januar 2007

[4] Wolfram Reiss: *Erneuerung in der Koptisch-Orthodoxen Kirche. Die Geschichte der koptisch-orthodoxen Sonntagsschulbewegung und die Aufnahme ihrer Reformansätze in den Erneuerungsbewegungen der Koptisch-Orthodoxen Kirche der Gegenwart*. LIT-Verlag, Hamburg/Münster 1998, ISBN 978-3-8258-3423-4, S. 113 f

Weblinks

- Koptisch-orthodoxes Patriarchat in Ägypten Kairo (http://www.copticpope.org/)
- Site de l'EOCF (http://www.eocf.org/)
- The Christian Coptic Orthodox Church Of Egypt (http://www.coptic.net/EncyclopediaCoptica)
- Koptisch-orthodoxe Kirche in Österreich (http://www.kopten.at)
- Koptisch-orthodoxe Kirche in Deutschland (http://www.kopten.de)
- Koptisch-orthodoxes-Kloster Höxter Brenkhausen (http://www.koptisches-kloster-hoexter.de/Brenkhausen/)
- Koptisch-orthodoxes Kloster des Heiligen Antonius in Kröffelbach bei Gießen (http://www.stantonius-kroeffelbach.de/)
- Veranstaltungen der Koptisch-orthodoxen Kirche in Deutschland (http://www.koptisches-zentrum-borgenteich.de/cgi-bin/outcalendar.php.cgi?id=1&show_day=1192264768)
- Koptisches Zentrum Borgentreich (Höxter) – Kloster (http://koptisches-zentrum-borgentreich.de)
- Koptisch-orthodoxes Patriarchat der Diözese Österreich (http://web.archive.org/web/20080103234715/http://www.geocities.com/koptisch/) im Internet Archive
- Koptisch-orthodoxe Kirche in der Schweiz (http://www.coptic-churches.ch)
- Gemeinsame Erklärung von [[Shenouda III.|Papst Shenouda III. (http://www.vatican.va/roman_curia/pontifical_councils/chrstuni/anc-orient-ch-docs/rc_pc_christuni_doc_19730510_copti_en.html)] und Papst Paul VI. (1973)]
- Reinhard Baumgarten, Wachsende Anspannung: Das Verhältnis von Christen und Muslimen in Ägypten (http://www.dradio.de/dlf/sendungen/hintergrundpolitik/478300/) (Deutschlandfunk, 10. Februar 2006)
- Koptisch-orthodoxe Kirche St. Takla in Alexandria Ägypten (http://www.st-takla.org/)
- Anschlag auf koptische Kirche, Magdeburger Nachrichten (1. Januar 2011) (http://www.magdeburger-nachrichten.de/archives/18502/deadly-blast-outside-egypt-church/)

Markus (Evangelist)

Darstellung des Evangelisten Marcus im Lorscher Evangeliar, karolingische Buchmalerei, um 810

Johannes Markus oder **Markus** ist eine Gestalt des Neuen Testaments, nach altchristlicher Tradition auch der erste Bischof von Alexandria und damit Begründer der koptischen Kirche und der Verfasser des Markusevangeliums. Sein Symbol ist der Löwe.

Leben

Belege über sein Leben sind das Neue Testament, insbesondere die Apostelgeschichte, und die Kirchenväter Papias, Eusebius von Caesarea, Hieronymus und Epiphanius. Die Identität des Verfassers des Markusevangeliums mit den Namensträgern im Neuen Testament ist umstritten. Die kirchliche Tradition schreibt das anonym verfasste Evangelium dem in der Apostelgeschichte genannten Johannes Markus zu. Johannes Markus war ein Judenchrist in Jerusalem (Apg 12,12 [1]) und der Vetter des Barnabas (Kol 4,10 [2]). Das Haus seiner Mutter wird später zum Mittelpunkt der Jerusalemer Urgemeinde.

Johannes Markus wurde von Barnabas und Paulus auf die erste Missionsreise mitgenommen (Apg 13,4 [3]), hielt aber nicht durch und kehrte in Perge in Pamphylien um. Zur zweiten Missionsreise wollte Barnabas Markus wieder mitnehmen, aber Paulus weigerte sich und wählte Silas zum Gefährten, während Barnabas mit Markus nach Zypern fuhr (Apg 15,36–40 [4]).

Später besteht wieder ein gutes Verhältnis zwischen Paulus und Markus, der während der ersten Gefangenschaft bei Paulus in Rom ist (Kol 4,10 [2], Phlm 24 [5]) und um dessen Kommen Paulus bei seiner zweiten römischen Haft den Timotheus ausdrücklich bittet (2 Tim 4,11 [6]).

Eine Identifizierung des Johannes Markus mit dem im 1. Petrusbrief genannten Markus ist ebenfalls unsicher. Die kirchliche Tradition zieht diese Verbindung und legt somit Rom als Abfassungsort des Markusevangeliums fest. Demnach befindet er sich in Rom bei Petrus (1 Petr 5,13 [7]), der ihn seinen „Sohn" nennt. Im Evangelium finden sich aber keine Anzeichen, dass der Verfasser Augenzeuge der irdischen Tage Jesu war, was gegen eine Mitwirkung des Petrus am Evangelium spricht.

Die Vermutung, dass Markus mit dem unbekannten jungen Augenzeugen der Gefangennahme Jesu (Mk 14,51f [8]) – jenem nur bei Markus erwähnten jungen Mann, den ein römischer Soldat am Gewand festhielt, worauf er es abstreifte und nackt floh – sich selbst gemeint hat, ist möglich und wird von der kirchlichen Tradition gestützt. Papias berichtet um 130, dass Johannes Markus der Übersetzer des Petrus war und die Lehren von Petrus genau niedergeschrieben hat, jedoch nicht in der gleichen Reihenfolge, wie er sie gehört hat.

Eusebius, Hieronymus und Epiphanius berichten, dass Markus der Gründer der Gemeinde in Alexandria war – die Zeit seiner Ankunft wird als die Vierziger oder Fünfzigerjahre angegeben. Die koptische Kirche sieht ihn als ihren ersten Papst. Quellen aus dem vierten Jahrhundert (Hieronymus, Eusebius von Caesarea, Markusakten) berichten vom Märtyrertod des Markus in Alexandria.

Werke

- Nach altchristlicher Tradition: das Evangelium nach Markus.
- Nach alexandrinisch-ägyptischer Tradition: die Liturgie des Heiligen Markus (auch als Cyrillus-Liturgie).

Heiligenverehrung

Im Vorwort einiger Vulgataausgaben wird er bezeichnet als „Markus der Evangelist, der in Israel ein priesterliches Amt ausübte, ein Levite von Herkunft". Vermutlich geht das darauf zurück, dass er ein Vetter des Leviten Barnabas (Apg 4,36 [9]) war. Die Stadt Aquileja hat eine in der Legenda Aurea erwähnte, aber von keinerlei altkirchlichen Quellen bestätigte Überlieferung, dass Markus dort gepredigt und ein zweites, lateinisches Evangelium abgefasst habe. In Alexandria ist jahrhundertelang der Mantel des heiligen Markus aufbewahrt worden, mit dem jeder Bischof bei seinem Amtsantritt bekleidet wurde. Bereits aus dem vierten Jahrhundert wird von Wallfahrten zum Grab des Heiligen Markus berichtet.

Überführung der Markusreliquien nach San Marco, um 1265, nördl. Portal der Hauptfassade

Nach koptischer Tradition stellte Markus die Heilige Liturgie zusammen, eine der ältesten Liturgien der Kirche, von der die anderen drei orthodoxen Liturgien abstammen. Sie wurde auswendig gelernt und mündlich weitergegeben, bis sie 330 von Athanasius aufgezeichnet und dem ersten Bischof von Äthiopien übergeben wurde. Die Liturgie wurde von Cyril von Alexandria stark erweitert und ist seither als Liturgie des Heiligen Cyrill bekannt. Ein Papyrus-Fragment aus dem vierten oder fünften Jahrhundert befindet sich in Strassburg. Mittelalterliche Kopien sind im Besitz des Vatikans, eine Fassung existiert auch in äthiopischer Sprache.

828/29 wurden die Markusreliquien von venezianischen Seefahrern in Alexandria geraubt und nach Venedig überführt, was in den Berichten von einigen Wundern begleitet wird. In Venedig baute man ihm zu Ehren die Vorläuferkirche des Markusdoms, die 976 komplett niederbrannte. Die Gebeine des Markus wurden dann 1094 bei Beendigung des Baus des Markusdoms „wiedergefunden". Der geflügelte Markuslöwe wurde zum Staatswappen der Republik Venedig, Ausdruck ihres Selbstbewusstseins gegenüber dem Rom des Petrus und dem Frankenreich mit dem Mantel des hl. Martin) und Byzanz des Andreas).

Zur Rechtfertigung diente eine Legende, wonach Markus auf seinen Missionsfahrten auch die (noch unbewohnte) Lagune von Venedig durchquert habe und dort von einem Engel die Weissagung erhalten habe, hier würden einst seine Gebeine ruhen. Der Gruß des Engels „PAX TIBI MARCE EVANGELISTA MEUS" (deutsch: „Friede dir, Markus, mein Evangelist") ist den meisten venezianischen Darstellungen des Markuslöwen beigegeben. Der heutige steinerne Sarkophag unter dem Hauptaltar von San Marco trägt auf lateinisch die Inschriften *Leib des heiligen Evangelisten Markus* (Vorderseite) und *Es grüßt euch mein Sohn Markus* (1 Petr 5,13 [7]; Rückseite).

Ein Teil der venezianischen Reliquien wurde 1968 anlässlich der 1900-Jahr-Feier der Gründung der koptischen Kirche an den Patriarchen von Alexandria als Geste guten Willens zurückgegeben und wird seitdem in der päpstlichen Markuskathedrale in Kairo verwahrt.

Gedenktag

- Katholisch: 25. April (traditionelles Fest im Allgemeinen Römischen Kalender), in Venedig auch 31. Januar (Überführung der Gebeine)
- Evangelisch: 25. April
- Anglikanisch: 25. April
- Orthodox: 4. Januar oder 25. April

Bauernregel

Eine, dem katholischen Namenstag am 25. April entsprechende Bauernregel lautet „Ist's jetzt um den Markus warm, dann friert man danach bis in den Darm."

Patronate

Der Heilige ist Schutzpatron der Stadt Venedig, der Bodenseeinsel Reichenau, der ägyptischen Christenheit sowie der Berufe Bauarbeiter, Maurer, Glaser, Korbmacher, Notar und Schreiber. Er wird bei Unwetter, jähem Tod, Blitz, Hagel, Krätze, Qualen angerufen. Zudem soll er zu gutem Wetter und guter Ernte verhelfen.

Reliquien des Markus befinden sich außer in Kairo und Venedig auch auf der Insel Reichenau, in Rom, Paris, Cambrai, Tournai und Köln.

Ikonografie

Der Löwe als Symbol des Evangelisten Markus über dem Hauptportal von San Marco

Markus wird gemeinsam mit einem geflügelten Löwen, dem Markuslöwen dargestellt. Der Markuslöwe ist schon im 4. Jahrhundert nachweisbar und leitet sich wie die anderen Evangelistensymbole aus Offb 4,7 [10] ab. Die Attribute der Markusfigur sind stark von der Zeit der Darstellung abhängig, jedoch wird er häufig als Mann mittleren Alters gezeigt, mit langem Bart, dunklen Haaren und einem kraftvollem Gesicht. Eindeutig als Schreiber eines der Evangelien kennzeichnen ihn fast immer ein Buch (geschlossen oder offen), dazu eventuell eine Feder oder weitere Schreibutensilien. Markus wird wie alle Evangelisten in antikisierender Tracht (Tunika, Toga) dargestellt, die gelegentlich in der Hüfte gegürtet ist. Die überwiegende Mehrzahl der Abbildungen des Evangelisten findet sich in der Buchmalerei in der Tradition des Autoren- oder Evangelistenporträts (Lorscher Evangeliar). In der monumentalen Kunst tritt er meist in Verbindung mit den übrigen drei Evangelisten auf. Die bedeutendsten Markuszyklen finden sich in San Marco in Venedig, wo in monumentalen Mosaiken neben der Heiligenvita verstärkt auch die „translatio" der Markusreliquie Darstellung findet.

Literatur

- Reinhard Lebe: *Als Markus nach Venedig kam.* Stuttgart 1987.
- Torsten Reiprich: *Befand sich die mk Gemeinde in Ägypten?* In: *Biblische Notizen 119/120.* 2003, 147–163.
- Shenouda III.: *Der Betrachter Gottes, Markus der Evangelist, Heiliger und Märtyrer.* 1962.
- Walter Simonis: *Markus, der Evangelist und Jünger, den Jesus liebte.* Frankfurt 2004, ISBN 3-631-52463-3.
- Christof Dahm: *Markus (griech. Márkos)* [11]. In: *Biographisch-Bibliographisches Kirchenlexikon* (BBKL). Band 5, Herzberg 1993, ISBN 3-88309-043-3, Sp. 850–854.

Weblinks

- Literatur von und über Markus (Evangelist) [12] im Katalog der Deutschen Nationalbibliothek
- Eintrag in *Stadlers Vollständiges Heiligen-Lexikon.* [13]
- Ausführliche Biografie in der koptischen Tradition [14] (englisch)

Referenzen

[1] http://www.bibleserver.com/go.php?lang=de&bible=EU&ref=Apg12%2C12
[2] http://www.bibleserver.com/go.php?lang=de&bible=EU&ref=Kol4%2C10
[3] http://www.bibleserver.com/go.php?lang=de&bible=EU&ref=Apg13%2C4
[4] http://www.bibleserver.com/go.php?lang=de&bible=EU&ref=Apg15%2C36%E2%80%9340
[5] http://www.bibleserver.com/go.php?lang=de&bible=EU&ref=Phlm24
[6] http://www.bibleserver.com/go.php?lang=de&bible=EU&ref=2+Tim4%2C11
[7] http://www.bibleserver.com/go.php?lang=de&bible=EU&ref=1+Petr5%2C13
[8] http://www.bibleserver.com/go.php?lang=de&bible=EU&ref=Mk14%2C51f
[9] http://www.bibleserver.com/go.php?lang=de&bible=EU&ref=Apg4%2C36
[10] http://www.bibleserver.com/go.php?lang=de&bible=EU&ref=Offb4%2C7
[11] http://www.bautz.de/bbkl/m/markus_e.shtml
[12] https://portal.d-nb.de/opac.htm?query=Woe%3D118578030&method=simpleSearch
[13] http://www.heiligenlexikon.de/Stadler/Markus.html
[14] http://tasbeha.org/content/hh_books/Stmark/

Kopten

Die koptische "Hängende Kirche" in Kairo

Kopten (aus griechisch αἰγύπτιοι ‚Ägypter') sind Angehörige der koptischen Kirchen. Ursprünglich bezeichnete der Ausdruck diejenigen Einwohner Alexandriens und ganz Ägyptens, die als ihr Idiom die ägyptische Sprache verwendeten. In römischer, byzantinischer und frühislamischer Zeit wurde das Wort ohne Rücksicht auf die Religionszugehörigkeit gebraucht. Die Koptische Sprache entstand aus dem Ägyptischen im 3. Jahrhundert nach Christus. Seit der zunehmenden Arabisierung und Islamisierung Ägyptens wird der Begriff allein für die Christen der koptischen Kirchen verwendet. Aus verschiedenen Ursachen erwachsende Mobilitätsbewegungen, die in der koptischen Volksgruppe zu einer erhöhten Emigrationsbereitschaft führten, sind der Grund, weswegen Kopten gegenwärtig in zahlreichen Ländern der Welt beheimatet sind.

Geschichte

Siehe auch: Koptische Kirche

Kopten in Ägypten

Siehe auch: Christentum in Ägypten

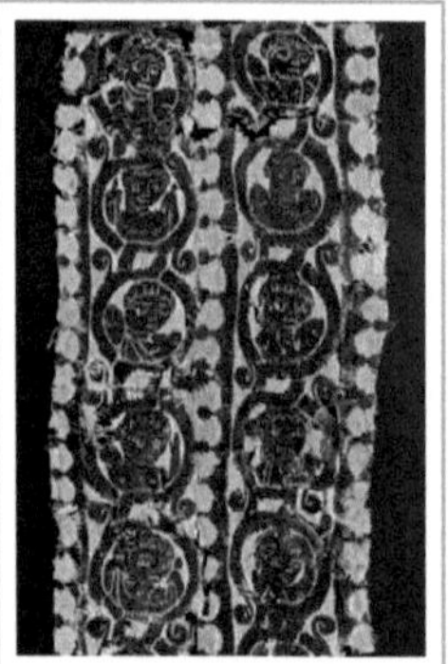
Alter koptischer Stoff aus Ägypten

Über den Anteil der Christen an der ägyptischen Bevölkerung gibt es stark abweichende Zahlen. Die meisten Schätzungen gehen von 5 bis 8 Millionen aus (zwischen 6 und 10 % der Gesamtbevölkerung).[1] Die Mehrheit davon sind koptische Christen (meistens altorientalische Monopysiten, ein kleiner Teil koptisch-katholisch), der Rest verteilt sich auf griechisch-orthodoxe, griechisch-katholische und protestantische Christen. Der Fischer Weltalmanach nennt eine höhere Zahl von 6 bis 15 % Kopten.[2] 2002 wurde die koptische Weihnacht zum offiziellen Feiertag.[3] Viele Kopten beklagen jedoch eine gesellschaftliche, aber auch staatliche Benachteiligung. Die Menschenrechtsorganisation Human Rights Watch bemängelte 2006, dass Ägypter, die vom Islam zu einer anderen Religion übertreten, verhaftet werden können. Behörden würden sich außerdem weigern, den Religionswechsel einzutragen.[4]

Gewalt gegen Kopten

Besonders in Oberägypten sind Kopten Ziel von Gewalttaten, deren Zahl in den letzten Jahren stark zugenommen hat.[5] 2001 wurden bei den Massakern von El Kosheh 21 Kopten und ein Muslim getötet,[6] 2002 kam es zu Unruhen nach der Einweihung einer koptischen Kirche[7] und 2006 wurden bei Angriffen auf drei Kirchen in Alexandria ein Kopte getötet und 17 verletzt. An Weihnachten 2009 wurden sechs Christen vor einer Kirche in Nag Hammadi von drei Attentätern erschossen. Die Menschenrechtsorganisation *Initiative für Persönlichkeitsrechte* zählte allein zwischen 2008 und 2010 rund 60 solcher Gewalttaten gegen Christen.[8] Im November 2010 wurde ein 19-jähriger Kopte bei einer Demonstration gegen das Bauverbot einer Kirche in Kairo nach gewaltsamen Auseinandersetzungen von der ägyptischen Polizei erschossen.[9]

Bei einem Bombenanschlag auf eine koptische Kirche in Alexandria wurden am Neujahrstag 2011 mindestens 21 Menschen getötet.[10] Ägyptens Präsident Hosni Mubarak verurteilte den Anschlag. Im ägyptischen Staatsfernsehen machte der Gouverneur von Alexandria, Adel Labib, die islamistische Terrororganisation Al Kaida für den Anschlag verantwortlich.[11]

Kopten in Europa

Im deutschsprachigen Raum gibt es mehrere koptische Gemeinden:

Zwei koptische Klöster, nämlich das koptisch-orthodoxe Kloster der Jungfrau Maria und des heiligen Mauritius in Höxter-Brenkhausen, in dem der koptische Generalbischof für Deutschland Anba Damian residiert, und eines in Waldsolms-Kröffelbach bei Frankfurt am Main. Des Weiteren gibt es auch Gemeinden in Berlin, Bitburg, Bremen, Düsseldorf, Frankfurt, Hamburg, Holzwickede, München und Stuttgart.

Ein Kloster in Obersiebenbrunn, nahe Wien, welches ein spiritueller Treffpunkt österreichischer Kopten ist (s. a. Weblinks); weitere Gemeinden bestehen in Wien, Graz und Klagenfurt.

Des Weiteren gibt es in fast jedem europäischen Land auch größere Gemeinden (London, Birmingham, Paris, Mailand, Rom, Stockholm und andere größere Städte Europas).

Bekannte Kopten

- Anba Damian, Generalbischof für Deutschland
- Anba Gabriel, Bischof für Österreich
- Boutros Boutros-Ghali, Politiker, ehem. UN-Generalsekretär
- Onsi Sawiris, Unternehmer
- Naguib Sawiris, Unternehmer
- Samih Sawiris, Unternehmer
- Albert Cossery, Schriftsteller
- Salama Moussa, Schriftsteller, Intellektueller
- Aziz Atiya, Koptologe, Historiker
- Raouf Salama Moussa, Bakteriologe, Verleger
- Kamal Stino, Vize-Premierminister unter Präsident Nasser
- Moheb Stino, Tourismus- und Luftfahrtminister unter Präsident Anwar al-Sadat
- Charles Stino, Vizeminister für Industrie unter Präsident Nasser, Bruder von Moheb und Kamal

Siehe auch

- Koptische Kunst
- Abu Mena UNESCO-Weltkulturerbe
- C-TV Coptic Channel Koptischer Fernsehkanal

Weblinks

- Koptisches Ägypten, Koptisches Kairo, Klöster [12]
- Koptische Kirchengemeinden in Deutschland [13]
- Veranstaltungen der Koptisch-orthodoxen Kirche in Deutschland [14]
- Koptisch-orthodoxe Kirche in Deutschland im Internet [15]
- Koptisches Kloster Höxter-Brenkhausen [16]
- Koptisch-Orthodoxes Kloster des Hl. Antonius in Kröffelbach [17]
- Koptische Kirchengemeinde in Österreich [18]
- Koptische Kirche in der Schweiz [19]

- Zum Christentum konvertierte Ägypter – eine rare Spezies [20]

Belege

[1] Harenberg Aktuell (von Meyers und Brockhaus herausgegeben), Seite 532: 94% Muslime gegenüber 6% Christen insgesamt (die meisten davon Kopten) / Spiegel-dtv-Jahrbuch 2004, Seite 54: 90% Muslime gegenüber 9% Kopten / Länderinformationen des Auswärtigen Amtes (http://www.auswaertiges-amt.de/diplo/de/Laenderinformationen/01-Laender/Aegypten.html): 90% Muslime gegenüber 6% Kopten

[2] Der Fischer Weltalmanach 2011 gibt 6 bis 15% Kopten und 80% Muslime an (15% Kopten 2009 und 2010), gab aber 2008 noch 12-15% Kopten an und führte 2006 noch 85% Muslime gegenüber 12% Kopten auf bzw. 2003 noch 90% Muslime gegenüber 9–10 % Kopten (6 Mio von 64 Mio). In der Ausgabe Fischer WA 1996 wurde der Anteil der Kopten an der Gesamtbevölkerung mit 4,1% angegeben, 1998 mit 10,4%. Die Quellen für diese stark schwankenden Informationen sind nicht bekannt.

[3] Kopten.at (http://www.kopten.at/index-Dateien/Page4215.htm)

[4] Human Rights Watch: (http://hrw.org/english/docs/2006/01/18/egypt12212.htm)

[5] http://www.dw-world.de/dw/function/0,,12356_cid_14746426,00.html

[6] Tagespost (http://www.die-tagespost.de/archiv/titel_anzeige.asp?ID=11122)

[7] religion.orf.at (http://religion.orf.at/projekt02/news/0202/ne020211_aegypten_unruhen_fr.htm)

[8] http://www.dradio.de/dkultur/sendungen/weltzeit/1347820/

[9] http://www.n24.de/news/newsitem_6469851.html

[10] http://www.dw-world.de/dw/function/0,,12356_cid_14746426,00.html

[11] http://www.ftd.de/politik/international/:koptische-minderheit-mehr-als-20-tote-bei-anschlag-auf-aegyptische-christen/50210428.html

[12] http://www.egyptologyonline.com/coptic_egypt.htm

[13] http://www.kopten.de

[14] http://www.koptisches-zentrum-borgenteich.de/cgi-bin/outcalendar.php.cgi?id=1&show_day=1192264768

[15] http://www.koptisches-kloster-hoexter.de/html/ubersicht.html

[16] http://www.koptisches-kloster-hoexter.de/Brenkhausen/

[17] http://stantonius-kroeffelbach.de/

[18] http://www.kopten.at

[19] http://www.coptic-churches.ch

[20] http://www.nzz.ch/nachrichten/international/zum_christentum_konvertierte_aegypter__eine_rare_spezies_1.549852.html

Altorientalische Kirchen

Die im Deutschen verbreitete Bezeichnung **altorientalische Kirchen** ist eine Übersetzung von engl. *Ancient Oriental Churches*, oder eigentlich: **alte Ostkirchen**, dazu spanisch *antiguas iglesias orientales*.

Als „altorientalische Kirchen" werden im Wesentlichen jene Ostkirchen bezeichnet, die sich nach dem Konzil von Ephesos (431) oder nach dem Konzil von Chalcedon (451) von der Römischen Reichskirche trennten. Bei den „Altorientalen" handelte es sich zum einen um Landeskirchen außerhalb der Grenzen des Oströmischen Reichs („Nationalkirchen"), zum anderen um gegen den konstantinopolitanischen Zentralismus gerichtete regionale Bewegungen im byzantinisch beherrschten Ägypten und Syrien, die dort sowohl Griechen wie Kopten oder Syrer vereinten („Oppositionskirchen"). Die Trennung hatte neben dogmatischen auch politische Gründe.

Zu den altorientalischen Kirchen werden die im Folgenden genannten gezählt:

- die im Westen so genannten „monophysitischen" Kirchen, die miteinander in Kirchengemeinschaft stehen (im folgenden als *orientalisch-orthodox* bezeichnet)
    - Äthiopisch-Orthodoxe Tewahedo-Kirche
    - Armenische Apostolische Kirche
    - Eritreisch-Orthodoxe Tewahedo-Kirche
    - Koptische Kirche (in Ägypten und der Diaspora)
    - Malankara Orthodox-Syrische Kirche (in Malankara, Indien)
    - Syrisch-Orthodoxe Kirche von Antiochien mit ihrem „Katholikat von Indien"

und die dogmatisch entgegengesetzte

- Assyrische Kirche des Ostens (auch als „Nestorianer" bezeichnet)

Gewöhnlich *nicht* zu den altorientalischen Kirchen zählt man sämtliche Kirchen oder Teilkirchen, die das Chalcedonense oder den byzantinisch-konstantinopolitanischen Ritus angenommen haben, die Georgische Orthodoxe Kirche, ferner nicht die meist in der Neuzeit entstandenen Katholischen Ostkirchen. Eine umfassendere Übersicht über alle Ostkirchen und ihre heutige Ritenzugehörigkeit bietet der Artikel Vorreformatorische Kirchen.

Die orientalisch-orthodoxen Kirchen standen während vieler Jahrhunderte über die jeweiligen Patriarchatsgrenzen (Haupt- und Tochterkirchen) hinweg nur in sehr unregelmäßigem Kontakt miteinander. Nur Kopten und Äthiopier hatten relativ regelmäßige und enge Verbindung, da zum Metropoliten von Äthiopien („Abuna") bis in das 20. Jahrhundert stets ein vom alexandrinischen Patriarchen entsandter Kopte bestellt wurde. Das Selbstverständnis der „monophysitischen" Kirchen als Teile *einer* Konfession entstand größtenteils erst im 20. Jahrhundert.

Die orientalisch-orthodoxen Kirchen sind in Lehre und Liturgie den byzantinisch-orthodoxen Kirchen ähnlich, betonen aber stärker die Einheit der göttlichen und der menschlichen Natur in Jesus Christus. Sie erkennen nur drei ökumenische Konzilien an (erstes Konzil von Nicäa (325), erstes Konzil von Konstantinopel (381), Konzil von Ephesos, (431)). Als das vierte ökumenisches Konzil, das die Orthodoxie von den Nicht-Orthodoxen scheidet, gilt in der Reichs- und ihren Nachfolgekirchen das Konzil von Chalkedon im Jahre 451.

Die Assyrische „Kirche des Ostens" erkennt nur die ersten zwei dieser Konzilien an und unterscheidet sich in ihrer gottesdienstlichen Ordnung merklich von den anderen Kirchen. Als einzige Ostkirche kennt sie (heute) nur wenige Ikonen. In theologischer Hinsicht bildet sie einen Gegenpol zu den anderen altorientalischen Kirchen – sie betont stärker die Unvermischtheit der göttlichen und menschlichen Natur in Christus und betitelt Maria als „Mutter Christi", nicht als „Mutter Gottes".

Die Sakralsprache ist die jeweilige Nationalsprache (Syrisch-Aramäisch, Koptisch, Armenisch, Georgisch, Geez, Altnubisch). Manche Kirchen verwenden auch andere Sprachen im Gottesdienst, so das Arabische, das Malayalam und moderne westliche Idiome.

Durch Flüchtlingswellen, Emigration, und Übertritte zum Islam haben die altorientalischen Kirchen in ihren Stammländern viele Mitglieder verloren. Mit Ausnahme der heutigen Republik Armenien und möglicherweise mit Ausnahme Äthiopiens sind sie heute Minderheitenkirchen. Gleichzeitig haben sie sich aber im westlichen Kulturkreis ausgebreitet. Die Assyrische Kirche hat sogar ihren Hauptsitz inzwischen nach Chicago verlegen müssen.

Vom 15. Januar bis 21. Januar 1965 trafen sich Oberhäupter und Kleriker aller orientalisch-orthodoxen Kirchen in Addis Abeba zu einer Konferenz. Das war das erste Treffen dieser Art seit dem Konzil von Ephesos. Die Kirchen bekräftigten ihre Zusammenarbeit und bildeten Strukturen dafür.

Siehe auch

- Portal:Christlicher Orient
- Vorreformatorische Kirchen
- Orthodoxe Kirchen
- Orientalische Christen in Amerika,
- Orientalische Christen in Europa
- Syrisch-Orthodoxe Kirche von Europa

Literatur

- Christian Lange, Karl Pinggéra (Hrsg.): *Die altorientalischen Kirchen.* Glaube und Geschichte. Wissenschaftliche Buchgesellschaft, Darmstadt 2010, ISBN 978-3-534-22052-6.
- Wolfgang Hage: *Das orientalische Christentum. Die Religionen der Menschheit.* Bd. 29/2. Kohlhammer, Stuttgart 2007 ISBN 978-3-17-017668-3

Shenouda III.

Shenouda III. von Alexandrien (* 3. August 1923 in Aboub/Ägypten als *Nazir Gayed Rafail*) ist der 117. Patriarch von Alexandrien und Papst des Stuhles vom Heiligen Markus (Koptische Kirche).

Shenouda bei der Rede von Barack Obama in Ägypten am 4. Juni 2009

Leben

1947 schloss er das Studium der Philosophie an der Universität Kairo ab. Im Anschluss studierte er als Postgraduate Archäologie und wurde zugleich als Reserveoffizier ausgebildet. Er studierte am koptisch-orthodoxen Seminar Theologie und schloss sein Studium 1949 ab. Im Anschluss war er an diesem Seminar als Dozent für „Exegese und Dogmatik" tätig und wurde Mitarbeiter und Herausgeber des *Sunday Schools Magazine*.

1954 trat er als Mönch in das Kloster Deir es-Suryān im Wadi Natrun ein und wurde 1955 zum Priester geweiht. Nach sieben Jahren wurde er im September 1962 zum Allgemeinen Bischof *Anba Schenuda* (ohne Diözese) geweiht.

Nach dem Tod des Papstes Kirellos VI. wurde er am 31. Oktober 1971 zum Oberhaupt der Koptisch-Orthodoxen Kirche und zum 117. Nachfolger auf dem Patriarchenstuhl des Hl. Markus als Papst Shenouda III. gewählt, als welcher er am 14. November 1971 inthronisiert wurde.

Im Jahre 1985 wurde er in Prag zum Ehrenmitglied des Präsidiums der Christlichen Friedenskonferenz (CFK) gewählt.

Von 1991 bis 1998 war Shenouda III. Präsident des Ökumenischen Rates der Kirchen.

Shenouda III. ist Vorsitzender des Rates der Kirchen im Nahen Osten (MECC).

Am 24. Februar 2000 traf er mit Papst Johannes Paul II. zusammen. [1]

Zu seinen markanten Leistungen zählen unter anderem:

- der Aufbau des Erziehungs- und Bildungswesens,
- der Ausbau des Klosterwesens,
- die Ausbreitung der koptisch-orthodoxen Kirche,
- die massive Intensivierung der Seelsorge der Kopten in der Diaspora.

Von großer kirchlicher Bedeutung ist ferner, dass er die Britisch-Orthodoxe Kirche in das Patriarchat des heiligen Markus integriert hat.

Ehrungen

- Ehrendoktor der „Bloomfield University“, New Jersey (1977)
- Ehrendoktor der „St. Peter University“, New York
- Ehrendoktor der „St. Vincent University“, Pittsburgh, und
- Ehrendoktor der Rheinischen Friedrich-Wilhelms-Universität, Bonn.
- Ehrenbürger von sechs US-Städten
- Preis für die Förderung von Toleranz und Gewaltlosigkeit der UNESCO (16. November 2000)

Veröffentlichungen (Auswahl)

- *Die geistige Erweckung*, Kairo 1992, Koptisch-Orthodoxes Patriarchat, ISBN 977-00-3043-0, PDF [2]
- *Befreiung der Seele*, Kairo 1993, Koptisch-Orthodoxes Patriarchat, ISBN 977-5345-04-9, PDF [3]
- *Von der Offenbarung der Geburt Christi*, Waldsolms-Kröffelbach/Ts. 1994, Koptisch-Orthodoxes Patriarchat, ISBN 3-927464-18-X, PDF [4]
- *Betrachtungen über die Bergpredigt*, Kairo 1994, Koptisch-Orthodoxes Patriarchat, ISBN 977-5319-22-6, PDF [5]
- *Die sieben Worte Christi am Kreuz*, Kairo 1999, Koptisch-Orthodoxes Patriarchat, PDF [6]
- *Die Gottheit Christi*, Kairo 1995, Koptisch-Orthodoxes Patriarchat, ISBN 977-5319-21-8, PDF [7]
- *Was ist der Mensch?*, Kairo 2005, Koptisch-Orthodoxes Patriarchat, ISBN 977-17-2885-7,
- *Dein ist die Kraft und die Herrlichkeit*, Kairo 1992, Koptisch-Orthodoxes Patriarchat, ISBN 3-927464-05-8,
- *Fragen der Menschen aus vielen Jahren Teil 1*, Kairo 1993, Koptisch-Orthodoxes Patriarchat, ISBN 977-5345-05-7,

Siehe auch

- Patriarch von Alexandrien

Weblinks

- Literatur von und über Shenouda III. [8] im Katalog der Deutschen Nationalbibliothek
- Pope Shenouda – Offizielle Website [9]
- Offizieller Lebenslauf [10] (PDF-Datei; 26 kB)
- Gemeinsame Erklärung von Papst Shenouda III. und Papst Paul VI. (1973) [11]
- Bücher von Papst Shenouda III. [12] zum Download (pdf, Word)
- Kurzvorstellung bei Youtube [13] (von Anba Damian)
- – Koptisches orthodoxes Kloster Hoexter [14]

Einzelnachweise

[1] Der Heilige Stuhl: Jubiläumspilgerfahrt zum Berg Sinai, 2000 (http://www.vatican.va/holy_father/john_paul_ii/travels/sub_index/trav_mount-sinai-2000_ge.htm) 24. Februar 2000

[2] http://www.stantonius-kroeffelbach.de/images/books/PSchenoudaIII/Papst_Schenouda%20III_Die%20geistige%20Erweckung.pdf

[3] http://www.stantonius-kroeffelbach.de/images/books/PSchenoudaIII/papst_schenouda%20iii_befreiung%20der%20seele.pdf

[4] http://www.stantonius-kroeffelbach.de/images/books/PSchenoudaIII/Papst_Schenouda%20III_Die%20Offenbarung%20der%20Geburt%20Christi.pdf

[5] http://www.stantonius-kroeffelbach.de/images/books/PSchenoudaIII/Papst_Schenouda%20III_Betrachtungen%20ueber%20die%20Bergpredigt.pdf

[6] http://www.stantonius-kroeffelbach.de/images/books/PSchenoudaIII/Papst_Schenouda%20III_Die%207%20Worte%20Christi%20am%20Kreuz.pdf

[7] http://www.stantonius-kroeffelbach.de/images/books/PSchenoudaIII/Papst_Schenouda%20III_Die%20Gottheit%20Christi.pdf

[8] https://portal.d-nb.de/opac.htm?query=Woe%3D119056321&method=simpleSearch

[9] http://www.copticpope.org/index.php

[10] http://www.stantonius-kroeffelbach.de/dkb-buecher-downloads/buecher-seiner-hl-papst-schenouda-iii/581-00papstschenouda-iiilebenslauf/download.html

[11] http://www.vatican.va/roman_curia/pontifical_councils/chrstuni/anc-orient-ch-docs/rc_pc_christuni_doc_19730510_copti_en.html

[12] http://www.stantonius-kroeffelbach.de/dkb-buecher-downloads.html

[13] http://www.youtube.com/watch?v=P-4wfXNasq0&feature=related

[14] http://www.koptisches-kloster-hoexter.de/

Christentum in Ägypten

Das **Christentum** ist eine Minderheitenreligion innerhalb der Bevölkerung **Ägyptens**.

Die große Mehrheit der Christen in Ägypten gehört zur Koptisch Orthodoxen Kirche von Alexandria.

Innenraum der Sankt-Markus-Kathedrale in Alexandria

Situation

Ägyptische Christen werden wie die fundamentalistischen Moslembrüder staatlicherseits unterdrückt. Doch während die Moslembrüder innerhalb des muslischen Teils der Gesellschaft einen guten Ruf genießen, sind Christen zusätzlich vonseiten der muslimischen Bevölkerung sowie der Schariatgerichte mit Vorurteilen und einer Diskriminierung innerhalb der Arbeitswelt konfrontiert.[1] Kirchenbau ist nur eingeschränkt möglich, und muslimische Geistliche rufen oft zum Mord an christlichen Konvertiten auf. Immer wieder kommt es zu gewalttätigen Zwischenfällen zwischen Christen und Muslimen, die Todesopfer auf beiden Seiten fordern und bei denen oft koptisches Kulturgut zerstört wird.[2]

Zu Zeiten Nassers war die Frage nach der Religion kein Thema, Ägypten wurde als arabisch-sozialistischer Nationalstaat definiert. Besonders seit den 1980er und den 1990er Jahren jedoch, in denen zahlreiche Ägypter als Arbeitssuchende in das erdölreiche Saudi-Arabien emigrierten und islamisch-wahhabitisches Gedankengut nach Ägypten brachten, werden ägyptische Christen in der Gesellschaft ausgegrenzt. So in den Medien, wo alle Nichtmuslime als "Ungläubige" diffamiert werden. In der Politik sind wichtige strategische Schlüsselpositionen ausschließlich den Muslimen vorbehalten. Im Bildungssystem werden christliche Ägypter teils bereits im Kindesalter diskriminiert. In der Polizeiakademie oder in der Staatsanwaltschaft heiße es, man nehme nicht mehr als 1 % Kopten auf.[3]

In letzter Zeit verschlechtert sich die Lage der ägyptischen Christen. Die Unterdrückung der Christen nimmt größere Ausmaße an.[4] Besonders in der ländlichen Gesellschaft herrscht noch das System der Blutrache vor. Falls es sich dabei um einen privaten Konflikt zwischen Muslimen und Christen handelt, bietet die Situation zudem weiteren politischen Zündstoff.[5]

Geschichte

Das Christentum war in Ägypten vor der Islamisierung des Landes im 7. Jahrhundert die dominierende Religion.

Der Evangelist Markus soll innerhalb der Bevölkerung Ägyptens schon um das Jahr 50 missioniert haben. Die Mehrheit der ägyptischen Christen trug allerdings die Beschlüsse des Konzils von Chalcedon 451 nicht mit, es kam schließlich zur Bildung der Koptisch-Orthodoxen Kirche.

Katharinenkloster am Sinai

Besonders die griechisch-orthodoxe Oberschicht in Ägypten folgte jedoch den Beschlüssen des Konzils von Chalcedon. Nach der Islamisierung des Landes sank die Zahl der koptischen Christen, die noch heute die mit Abstand größte christliche Kirche Ägyptens ist, jedoch rapide.[6]

Anzahl

Schätzungen über den Bevölkerungsanteil der Christen in Ägypten schwanken sehr stark zwischen 6 Prozent[7] (staatliche Statistik und Angaben der meisten internationalen Quellen) und 15 Prozent.[8] Auch christliche Quellen[9] gehen von maximal 12 Prozent Christen aus, Angaben der Koptischen Kirche schwanken zwischen 8,57 Prozent[10] (7 Mio.) und bis zu 20 Prozent.[11]

Etwa ein Viertel aller Kopten lebt in Ägyptens Hauptstadt Kairo[12] (bzw. zwei bis drei Millionen im Stadtteil Schubra[13]). Überdurchschnittlich zahlreich sind Kopten auch in den mittleren Nil-Gouvernements al-Asiut, al-Mina und Qina,[12] doch kann der in Kairo scheinbare Durchschnitt nicht auf das ganze Land hochgerechnet werden.[13]

Kritischen Angaben zufolge würden sich nur zwei der sechs Millionen Kopten aktiv zum christlichen Glauben bekennen.[14]

Konfessionen

Unter den christlichen Gruppen sind die Koptisch-Orthodoxe Kirche, römischen Katholiken (weniger als 1 % der Bevölkerung), Protestanten (100 000), Syrisch-Orthodoxen, Armenisch-Orthodoxen, Zeugen Jehovas und die Siebenten-Tags-Adventisten.

Kirchen mit Patriarchat Alexandria

1. Die Griechisch-Orthodoxe Kirche von Alexandria,
2. Die Koptisch-Katholische Kirche von Alexandria sowie die
3. Das Griechische Melkitisch-Katholische Patriarchat von Antiochien, Alexandria und Jerusalem

Koptische Orthodoxe Kirche

Die Koptisch-Orthodoxe Kirche von Alexandria wird vom Papst von Alexandrien und Patriarch des Stuhles vom Heiligen Markus, derzeit Papst Shenouda III. geleitet. Sie hat derzeit:

- 11 Metropolien mit 10 Metropoliten (1 vakante Metropolie).
- 54 Diözesen in Ägypten und außerhalb Ägyptens mit 51 Suffraganbischöfen plus 2 Bischöfe, die eine bestimmte Gemeinde {die Eriträer} in den Vereinigten Staaten von Amerika und im Vereinigten Königreich betreuen. 3 Diözesen sind vakant.
- 9 Weihbischöfe (1 in einer Diözese in Frankreich, 2 in Diözesen in Ägypten and 6 Assistenten des Papstes in der Erzdiözese Kairo, die direkt dem Papst unterstellt ist.)
- 5 Exarchen (2 in der Erzdiözese Nordamerika, 1 im Vereinigten Königreich und 2 in Ost- und Südafrika
- 9 Bischofsäbte von Patriarchalklöstern, plus 2 Klöster die die Ernennung eines Abtbischofs erwarten.
- 7 Allgemeine Bischöfe, darunter 3 Bischöfe, die Patriarchatsinstitutionen leiten, 2 Sekretärbischöfe des Papstes und 2 Bischöfe ohne Portfolios.
- 1 Chorbischof.

Weblinks

- Deutschsprachige Katholische Gemeinde Kairo [15]
- Eintrag über die Katholische Kirche in Ägypten [16] auf *catholic-hierarchy.org* (englisch)
- International Religious Freedom Report 2007 [17] (englisch)

Einzelnachweise und Anmerkungen

[1] portesouvertes.fr (http://www.portesouvertes.fr/informer/maps/details2.php?iso=EG)

[2] diepresse.com (http://diepresse.com/home/panorama/religion/531695/index.do?direct=531788&_vl_backlink=/home/panorama/religion/531788/index.do&selChannel=)

[3] *Fremd in eigenen Land.* (http://taz.de/1/politik/afrika/artikel/1/fremd-im-eigenen-land/) In: *die tageszeitung*

[4] derstandard.at (http://derstandard.at/1262209100087/Christen-in-Aegypten-Lage-bedrueckender-als-je-zuvor)

[5] *Blutrache im Namen der Religion.* (http://www.taz.de/1/debatte/kommentar/artikel/1/blutrache-im-namen-der-religion/) In: *die tageszeitung*. Blutrache zwischen Christen und Muslimen

[6] kopten.at (http://www.kopten.at/index-Dateien/Page3840.htm)

[7] Harenberg Aktuell (von Meyers und Brockhaus herausgegeben), Seite 532: 94% Muslime gegenüber 6% Christen insgesamt (die meisten davon Kopten) / Spiegel-dtv-Jahrbuch 2004, Seite 54: 90% Muslime gegenüber 9% Kopten / Länderinformationen des Auswärtigen Amtes (http://www.auswaertiges-amt.de/diplo/de/Laenderinformationen/01-Laender/Aegypten.html): 90% Muslime gegenüber 6% Kopten / CIA World Fact Book: 10% Christen

[8] Einzig der Fischer Weltalmanach 2011, Seite 48, zählt 80% Muslime gegenüber 6–15% Kopten, führte aber 2006 noch 85% Muslime gegenüber 12% Kopten auf und 2003 noch 90% Muslime gegenüber 9–10% Kopten (6 Mio von 64 Mio), ohne eine Erklärung für diese erhebliche Verschiebung innerhalb nur fünf Jahren zu liefern. Ebenso unerklärlich habe sich bereits zuvor innerhalb von nur zwei Jahren (vgl. Fischer WA 1996, S. 59, und Fischer WA 1998, Seite 58) die Zahl der Kopten in Ägypten verdreifacht (von 2 Mio auf 6 Mio) und ihr Anteil damit von 4,1% auf 10,4% erhöht … innerhalb von nur zehn Jahren (vgl. Fischer WA 1996, S. 59, und Fischer WA 2006, S. 50) sogar vervierfacht (von 2 Mio auf 8,1 Mio)!

[9] evangelikaler Religious Freedom Report des US-Außenministeriums: 8–12% Christen / Ökumenisches Heiligenlexikon (http://www.heiligenlexikon.de/Glossar/Koptische_Kirche.html): 10% Kopten

[10] *Ägypten* in: *Microsoft Encarta*

[11] Der koptisch-stämmige Prof. Fouad Ibrahim (Univ. Bayreuth) schätzte den Anteil 2002 auf 13 Prozent (http://www.ead.de/arbeitskreise/religionsfreiheit/nachrichten/einzelansicht/article/aegypten-christen-sind-ausgestossene-im-eigenen-land.html?tx_ttnews[backPid]=443&cHash=8d71e42c03)

[12] Encyclopedia Britannica (http://www.britannica.com/EBchecked/topic/180382/Egypt/43467/Religion#toc=toc43467)

[13] laut Fouad Ibrahim

[14] z. B. die Historikerin Isabella Ackerl: *Die Staaten der Erde*. Wiesbaden 2007

[15] http://www.kath.de/kasdbk/kairo/

[16] http://www.catholic-hierarchy.org/country/eg.html

[17] http://www.state.gov/g/drl/rls/irf/2008/108481.htm

Markuskathedrale

Die **Markuskathedrale** in Kairo ist die Kathedralkirche des Papstes und Patriarchen von Alexandria der koptischen Kirche. Die 1968 geweihte, über 100 m lange Basilika im Stadtteil Abbassia ist eines der größten Kirchengebäude auf dem afrikanischen Kontinent. Sie trägt den Namen des Begründers des Christentums in Ägypten, des Evangelisten Markus, dessen Reliquien in der Kathedrale bewahrt werden.

Geschichte

Die Überreste des Evangelisten wurden im Jahr 828 von venezianischen Händlern in Alexandria gestohlen und in ihre Heimatstadt gebracht, wo sie zum wertvollsten Schatz der dortigen gleichnamigen Kathedrale wurden. Anlässlich der Weihe der Kairoer Markuskathedrale gab der damalige römisch-katholische Papst Paul VI. am 2. Juni 1968[1] seinem koptischen Amtskollegen Kyrill VI. Teile der Markusreliquien zurück. Sie werden heute in einem eigens angefertigten, ikonengeschmückten Schrein aufbewahrt.

Patriarchat von Alexandria

Das Patriarchat von Alexandria wurde im 11. Jahrhundert nach Kairo verlegt.[2] Kairo war seit 973 Hauptstadt des Fatimidenreichs und löste Alexandria, in der Spätantike nach Rom die zweitgrößte Stadt der Welt, als führende Stadt in Ägypten ab. Auch in Alexandria gibt es eine dem Hl. Markus geweihte koptische Kathedrale. Der Patriarch von Alexandria gilt traditionell nach denen von Rom und Konstantinopel als der dritthöchste Bischof der Weltkirche, diese Stellung ist seit den Kirchenspaltungen von 451 und 1054 jedoch nur noch von theoretischer Natur.

Bei der Eröffnung der Kathedrale waren zahlreiche Ehrengäste anwesend, unter ihnen der damalige Staatspräsident Gamal Abdel Nasser und der äthiopische Kaiser Haile Selassie, da die äthiopisch-orthodoxe Kirche trotz kirchenrechtlicher Unabhängigkeit den koptischen Papst als ihr Ehrenoberhaupt anerkennt.

Quellen

[1] Dr. Loeben, Kestner-Museum Hannover (http://www.klosterstich.de/Fra04C1.htm): Die Legende des Heiligen Markus

[2] Website der koptischen Kirche in Deutschland (http://kopten.de/kirche.htm#13)

Weblinks

- Koptisch Orthodoxe Kirche in Deutschland (http://kopten.de/index_ie.htm)

Koordinaten: 30° 4′ 20″ N, 31° 16′ 32.5″ O

Koptischer Ritus

Koptischer Ritus ist der Gottesdienst der orientalisch-orthodoxen Koptischen Kirche und der Koptisch-katholischen Kirche.

Liturgiegeschichte

Der Koptische Ritus ist neben dem verwandten Äthiopischen Ritus die zweite noch lebendige Variante des Alexandrinischen Ritus'. Durch die Übernahme von Elementen aus dem Antiochenischen Ritus, einigem an ägyptischem Eigengut sowie Ergebnissen jüngerer liturgiegeschichtlicher Entwicklungen gestaltete er sich zur einer eigenständigen Liturgieform. Liturgische Sprachen sind das Griechische und das Koptische, später auch das Arabische und neuerdings, vor allem in der Diaspora, moderne Fremdsprachen.

- Heinzgerd Brakmann: *Die Kopten - Kirche Jesu Christi in Ägypten. Ihre Geschichte und Liturgie*, in: A. Gerhards - H. Brakmann (Hrsg.): *Die koptische Kirche*. Kohlhammer, Stuttgart 1994, 9-27. 196-221 (mit Lit.).

Sakramentliche Feiern

Grundlegend:

- O. H. E. KHS-Burmester: *The Egyptian or Coptic Church. A detailed description of her liturgical services and the rites and ceremonies observed in the administration of her sacraments*. Société d'Archéologie Copte, Le Caire 1967, ohne ISBN.

Eucharistie

Das Normalformular der koptischen Messfeier ist die *Basilius-Liturgie* mit einem Hochgebet antiochenischen Typs, der Basilius-Anaphora. Sie ist nicht identisch mit dem gleichnamigen Formular des Byzantinischen Liturgie. Austauschtexte bieten (a) die *Anaphora des Gregorios von Nazianz* (ebenfalls antiochenischen Typs) und die *Kyrillos-Anaphora*, die der *Markos-Liturgie* des Alexandrinischen Ritus entspricht. Von der *Kyrillos-Anaphora* gibt es eine moderne Form, die die traditionelle alexandrinische Struktur dieses Hochgebetes aufgibt und sie dem antiochenischen Typ angleicht.

Texte in deutscher Übersetzung:

- Die koptische Liturgie : Emporhebung des Abendweihrauches ; Inzens-Frühgottesdienst ; Eucharistische Messfeier / Übers. aus den Original-Sprachen u. kommentiert von Karam Khella : Hamburg : Theorie-und-Praxis-Verl. 1989. ISBN 3-921866-23-5
- Die koptische Liturgie des Hl. Basilios und des Hl. Gregorios mit Abend- und Morgenweihrauch / übers. von Ortrun und Samy Hanna. Köln : Luthe-Verl., 1990 138 S. : Ill. ; 21 cm (Schriftenreihe des Zentrums Patristischer Spiritualität Koinonia-Oriens im Erzbistum Köln ; 35) ISBN 3-927464-11-2 (ohne die Kyrillos-Liturgie)

Verlauf: Bevor der Priester den Gottesdienst beginnt, breitet er auf dem Altar das Kelchtuch aus und stellt darauf den Kelch, legt davor auf eine Palle die Patene mit der Hostie, links und rechts je eine weitere Palle. Nach der Ankleidung tritt er mit den Ministranten in die Kirche und fällt vor der Königstür nieder. Vor dem Altar segnet er sich und das Volk mit einem Handkreuz. Nun wird das Brot in eine Palle gehüllt und mit dem Messwein feierlich um den Altar getragen. Die Opfergaben werden gesegnet. Hierauf folgt das Gebet der Danksagung und eine Epiklese (Bitte um die Wandlung der Gaben.). Vor der Ikonostase spricht der Priester das Schuldbekenntnis (Confiteor) und das Absolutionsgebet. Der Ministrant liest die Lesungen auf Arabisch vor und es folgt das Trisagion, worauf der Priester das Evangelium verliest und die Fürbitten hält. Der Kanon beginnt mit dem Friedensgebet. Während des „Erhebet die Herzen" (Sursum corda) segnet der Priester mit Kreuz und Palle die Gläubigen, beim Heilig (Sanctus) aber erst mit der Palle und dann mit dem Kreuz. Jeweils anschließend richtet er sich nach Süden und segnet sich selbst. Den Höhepunkt der Opferhandlung bildet die Wandlung, das Herrengedächtnis und die Herabrufung des Heiligen Geistes (Epiklese). Am Ende der Fürbitten (Diptychen) erfolgt ein Hinweis mit der linken Hand auf die Opfergaben und eine gleichzeitige Segnung der Gläubigen. Anschließend folgen Gebete mit Pallen auf den ausgebreiteten Händen, das Gebet des Brotbrechens und die erste Berührung der Hostie mit dem Heiligen Blut (Wein), wobei der Priester seinen Finger in den Kelch taucht und damit die Hostie bezeichnet. Nun folgt das Brotbrechen mit dem Vaterunser, das Gebet der Handauflegung und das Absolutionsgebet. Sodann erhebt der Priester das Mittelstück der Hostie, taucht es leicht ins Heilige Blut (Wein) und bezeichnet damit die übrigen Teile der Hostie. Es folgt die Vermischung der Gestalten. Nach einer zweiten Erhebung der Opferspeise kommt ein Kommuniongebet mit Verehrung der Hostie und der Kommunion des Priesters und der Gläubigen. Nach der Danksagung folgen das Segensgebet und die Entlassung.

Taufe, Firmung

Die koptische Initiationsliturgie verbindet Taufe, Firmung und erste Eucharistie des Neugetäuften in einer einzigen Feier. Ihre Gestalt beruht auf den liturgischen Gewohnheiten der altkirchlichen Erwachsenentaufe, die mit den nötigen Anpassungen auch auf zu taufende Kinder Anwendung finden.

- Cyrille Salib: *La liturgie des sacrements du baptême et de la confirmation*. Le Caire 1968.
- Gérard Viaud: *Les rites du septième jour après la naissance dans la tradition copte*. In: Le Monde Copte 2 (1977) 16-19.

Myronweihe

„Myron" ist ein mit duftenden Spezereien angereichertes Pflanzenöl, das bei besonders hochrangigen sakramentlichen Handlungen benutzt wird. Seine feierliche Weihe erfolgt im Abstand mehrerer Jahre oder gar Jahrzehnte durch den Patriarchen und den versammelten Episkopat.

- Samir Khalil: *Quelques remarques sur le myron dans l'église copte dans sa relation à l'église syriaque*. In: Farādat al-quddās as-suryānī = Le génie de la messe syriaque: patrimoine syriaque; Actes du colloque II. Antélias: Centre d'Études et de Recherches Pastorales 1995, 107ff.

Ordination

- Paul F. Bradshaw: *Ordination Rites of the Ancient Churches of East and West*. New York 1990.
- O. H. E. KHS-Burmester: *Ordination Rites of the Coptic Church*. Société d'Archéologie Copte, Le Caire 1985.
- O.H.E. KHS-Burmester: *The Rite of Consecration of the Patriarch of Alexandria*. Société d'Archéologie Copte, Le Caire 1960.
- R. Mouret: *L'ordination d'un diacre dans le rite copte*, Mémoire (Masch.) de Diplôme de l'E.P.H.E., Ve section, Paris (1976).

Kirchweihe

- G. Horner: *The Service for the Consecration of Church and Altar according to the Coptic Rite*. London 1902, Originaltexte mit englischer Übersetzung. (zugänglich im Internet) [1]
- *Das Ritual der [Kirch-] Weihe*. In: St. Markus Jan./Febr./März 1991, 15-31 (anonyme deutsche Übersetzung).

Ikonenweihe

- Jacob Muyser: *Où sont nos icônes?*. In: Les Cahiers Coptes 11 (1952) 23-34.
- Ugo Zanetti: *La prière copte de consécration d'une icône*. In: Le Monde Copte 19 (1991) 93-98.
- Y. N. Youssef, *Un jeu de mot dans le rituel de la consécration des icônes*. In: Göttinger Miszellen 142 (1994) 109-111.

Eheschließung

- A. Raes: *Le mariage dans les Églises d'Orient*. Éditions de Chevetogne 1958.
- F. Van de Paverd: *Forme celebrative del matrimonio nelle Chiese orientali*. In: La celebrazione del matrimonio cristiano. Atti della V settimana dei professori italiani di Liturgia. EDB, Bologna 1977, 11-116. Ohne ISBN.

Klösterliche Feiern

- B. T. A. Evetts: *Le rite copte de la prise d'habit et de la profession monacale*. In: Revue de l'Orient Chrétien 11 (1906) 59-73. 129-48.
- L. Villecourt: *Le rite copte de la profession monacale pour les religieuses*. In: Bessarione 14 (1909/10) 35-49. 301-47.
- L. Delaporte: *Le rite copte de la prise d'habit et de la profession monacale d'après les manuscrits de la Bibliothèque nationale*. In: Revue de l'Orient Chrétien 11 (1906) 311f.

Begräbnisfeier

- Lothar Störk: *Der koptische Begräbnisritus*. In: H. Becker - H. Ühlein (Hrsg.): *Liturgie im Angesicht des Todes. Judentum und Ostkirchen*. EOS, St Ottilien 1997. Bd. 2, 839-857 (deutsche Übersetzung).

Tagzeiten

Der Tagzeiten-Gottesdienst der Kopten vereint die abendliche und morgendliche Weihrauchdarbringung (= Abend- und Morgenlob) sowie die in der liturgischen Büchern Horologion und Psalmodia verzeichneten Feiern.

Die vollständige Liste der Gebetszeiten umfasst:

1. Morgengebet. Ihm vorauf ging früher bei den Mönchen die „Stunde des Hahnenschreis".
2. Terz („dritte Stunde"
3. Sext („sechste Stunde")
4. Non („neunte Stunde")
5. Vesper („elfte Stunde")
6. Komplet („zwölfte Stunde"), in der Klöstern zusätzlich eine zweite Komplet
7. Mitternachtsgebet

- Hans Quecke: *Untersuchungen zum koptischen Stundengebet*. Institut Orientaliste de Louvain, Louvain 1970.
- Magdi R. B. Awad: *Untersuchungen zur koptischen Psalmodie*. Lit-Verlag, Berlin 2007. ISBN 978-3-8258-0164-9

Feste und Festzeiten

- Maria Cramer (†) - Martin Krause: *Das koptische Antiphonar (M 575 und P 11967)*. Jerusalemer Theologisches Forum 12. Aschendorff, Münster 2008, ISBN 978-3-402-11018-8

Karwoche und Ostern

- O. H. E. Burmester: *Le lectionnaire de la Semaine Sainte. Texte copte édité avec traduction française d'après le manuscrit Add. 5997 du British Museum*, In: Patrologia Orientalis 24 (1933) 173-294; 25 (1939) 179-485.
- Adel Sidarous: *La Pâque sainte ou La Semaine Sainte selon la liturgie copte*. In: Proche-Orient Chrétien 17 (1967) 3-43.
- Emmanuel Lanne: *Textes et rites de la liturgie pascale dans l'ancienne église copte* [2], gedruckte Fassung in: L'Orient Syrien 6 (1961).

Pfingsten

- O. H. E. Burmester: *The Office of Genuflection on Whitsunday*. In: Muséon 47 (1934) 205-257.
- S. Pernigotti - A. Amaldi: *Pagine di un codice copto-arabo nel Museo Nazionale di S. Matteo a Pisa*. Pisa 1982 (1983).

Weblinks

- Die koptische Basilios-Liturgie [3] (englisch; PDF-Datei; 1,43 MB)
- Die koptische Gregorios-Anaphora [4] (englisch; PDF-Datei; 423 kB)
- Die koptische Kyrillos-Anaphora (moderne Fassung) [5] (Haupttext: englisch-arabisch; PDF-Datei)
- Die Feier der Krankensalbung [6]

Referenzen

[1] http://www.archive.org/details/serviceforconsec00hornuoft
[2] http://www.coptic.org/music/pascha.htm
[3] http://www.koptisk.dk/books/fa-cd/Stbaslt.pdf
[4] http://www.koptisk.dk/books/fa-cd/Stgreglt.pdf
[5] http://www.stmaryottawa.org/Liturgy_of_St_Cyril.pdf
[6] http://www.copticchurch.net/topics/thecopticchurch/sacraments/5_unction_sick.html

Koptische Sprache

Koptisch ***t-mnt-rm-n-kēme***	
Zeitraum	3. Jhd. bis 17. Jhd.
Ehemals gesprochen in	Ägypten
Linguistische Klassifikation	• Afroasiatische Sprachen • Ägyptische Sprache **Koptisch**
Sprachcodes	
ISO 639-1:	-
ISO 639-2:	cop
ISO 639-3:	cop

Die **koptische Sprache** (aus arabisch قبطي *qibtī, qubtī*, DMG *qibṭī, qubṭī* < griechisch Αἰγύπτιος „Ägypter") ist die jüngste Form des Ägyptischen, eines eigenständigen Zweiges der afroasiatischen Sprachfamilie. Sie war vom 3. bis 17. Jahrhundert als gesprochene Sprache in Gebrauch und wird bei religiösen Anlässen teilweise bis heute von koptischen Christen verwendet. Bis zur Entzifferung der ägyptischen Hieroglyphen, die ohne die Kenntnis des Koptischen nicht möglich gewesen wäre, war das Koptische die einzige bekannte ägyptische Sprache. Es besitzt eine synthetische und teilweise isolierende Morphologie; die Wortstellung ist Subjekt-Verb-Objekt, in Nominalphrasen steht der Kopf voran und es gibt Präpositionen. Substantive besitzen die Kategorien Numerus und Genus; Verben werden nach Tempus, Aspekt, Aktionsart, Modus und der Opposition Affirmativ – Negativ flektiert. Das Lexikon weist einen starken griechischen Einfluss auf.

Geschichte und sprachgeschichtliche Stellung

Das Koptische ist die letzte Entwicklungsstufe der ägyptischen Sprache, nach Früh-, Alt-, Mittel- und Neuägyptisch und Demotisch. Das Ägyptische bildet einen eigenen Zweig der afroasiatischen Sprachfamilie, neben den semitischen, berberischen, kuschitischen, omotischen und tschadischen Sprachen, die im Nahen Osten und im nördlichen Afrika gesprochen werden.

koptische Inschrift, etwa 3. Jahrhundert n. Chr.

Das Koptische stellt die direkte Fortsetzung des Demotischen dar, wie die ägyptische Sprache ab etwa 700 v. Chr. bezeichnet wird. Es weist gegenüber dem Demotischen einige Innovationen auf, die eine Abgrenzung beider Entwicklungsstufen rechtfertigen. Die ältesten koptischen Texte stammen etwa aus der Zeit um 100 n. Chr. und wurden bereits in einer von dem griechischen Alphabet abgeleiteten Schrift geschrieben; sie werden zusammenfassend als *altkoptisch* bezeichnet. Die Menge der altkoptischen Texte ist sehr gering, das späte Demotisch diente weiterhin als geschriebene Sprache, obwohl es nicht mehr der gesprochenen Sprache entsprach. Als geschriebene Sprache setzte sich das Koptische erst im Zusammenhang mit der Christianisierung Ägyptens etwa im 4. Jahrhundert n. Chr. durch. Es blieb auch nach der arabischen Eroberung noch einige Jahrhunderte lang Alltagssprache Ägyptens, wurde aber zwischen dem 10. und dem 13. Jahrhundert aufgrund der Arabisierung weitgehend verdrängt und starb als Verkehrssprache im 17. Jahrhundert aus; in Oberägypten blieb es vereinzelt und begrenzt bis in die Neuzeit erhalten.[1] Das Koptische war dabei nie Verwaltungssprache in Ägypten. In christlich-byzantinischer Zeit war dies wie schon seit der römischen Eroberung Griechisch und seit der Einführung des Islam Arabisch. Koptisch wurde meist im privaten und christlich-liturgischen Bereich gebraucht.

Koptisch wird bis heute im Gottesdienst der koptischen Christen als Sakralsprache verwendet. In den letzten Jahrzehnten erfreut sich die Sprache unter jungen Kopten wieder zunehmender Beliebtheit als Zeichen ihrer besonderen Identität innerhalb der ägyptischen Gesellschaft, so dass heute wieder mehr Kopten zumindest rudimentäre Kenntnisse der Sprache haben. Im Alltag sprechen sie allerdings weiterhin Arabisch. Durch die Tradition des Koptischen als Form des Ägyptischen bis in die Neuzeit wurde die Erschließung älterer Entwicklungsstufen des Ägyptischen erst ermöglicht, da sich wesentliche Teile von Lexikon und Morphologie älterer Formen im Koptischen erhalten haben.

Dialekte und Verbreitung

Das Koptische war von Anfang an in verschiedene Dialekte gegliedert, von denen die meisten nur regionale Bedeutung besaßen. Die bedeutendsten Dialekte waren das Sahidische und das Bohairische. In der heutigen Koptologie gilt das Sahidische als Koptisch schlechthin, da es eine besonders regelmäßige Orthographie aufweist und so als vom Anfänger leichter zu erlernen gilt. Jahrhunderte lang (etwa 700–1300 n. Chr.) hatte jedoch das Bohairische den Status des „klassischen" Koptisch inne.

Die wichtigsten Dialekte des Koptischen sind die folgenden:

Bezeichnung	Gebräuchliche Abkürzung	Ursprüngliches Verbreitungsgebiet
Sahidisch	S	Oberägypten
Bohairisch	B	Östliches Nildelta
Fayyumisch	F	Fayyum
Achmimisch	A	Oberägypten in der Gegend von Theben
Lykopolitanisch/Subachmimisch	L/A 2	Oberägypten bei Assiut

Sie alle besitzen eine größere Menge an überliefertem Material und dienten auch in der Antike zumindest zeitweise zur überregionalen Kommunikation. Daneben gibt es aber eine Menge regional und zeitlich begrenzte Dialekte, von denen nur kleine Bruchstücke – Papyri(-reste) u.a. – überliefert sind. Außerhalb Ägyptens diente das Koptische auch im christlichen Nubien als geschriebene Sprache.

Schrift

Hauptartikel: Koptische Schrift

Das Koptische wird in einer – je nach Dialekt – etwa dreißig Zeichen umfassenden Schrift geschrieben. Der größte Teil des koptischen Alphabets ist aus dem griechischen Alphabet abgeleitet, einige Zeichen gehen auf die demotische Schrift zurück. Im Gegensatz zu den zuvor für die Verschriftlichung des Ägyptischen angewandten Systemen, den Hieroglyphen und dem Demotischen, ist die koptische Schrift eine Lautschrift, die Vokale und Konsonanten gleichermaßen berücksichtigt. In der Regel stellt ein Buchstabe der koptischen Schrift ein Phonem dar, hierzu gibt es jedoch einige Ausnahmen. ⲑ *th*, ⲫ *ph*, ⲭ *kh*, ⲝ *ks*, ⲯ *ps* und ϯ *ti* sind in den meisten Dialekten Monogramme, die jeweils eine Folge zweier Phoneme repräsentieren. Umgekehrt können /y/ *plene* als ⲉⲓ und /w/ als ⲟⲩ geschrieben werden. Das Phonem /ʔ/ besitzt keinen korrespondierenden Buchstaben.

Struktur

Die folgenden Kapitel geben einen allgemeinen Überblick über Grundstrukturen der koptischen Grammatik. Das grammatische System folgt insbesondere der Darstellung von Layton 2000. Zu einer detaillierten Übersicht über die Grammatik des Sahidischen siehe den Artikel *Sahidisch.*

Phonologie

Die koptischen Dialekte besitzen etwas mehr als zwanzig Phoneme. Fünf von ihnen, nämlich /a/, /e/, /ē/, /o/, /ō/, können nur silbisch auftreten, die restlichen stehen sowohl silbisch als auch nicht-silbisch. So tritt /n/ in der Silbe /mn/ [mn̥] silbisch, in /men/ [men] dagegen nichtsilbisch auf. Von diesen Phonemen sind nur sieben stimmhaft (/b/ [β], /y/, /l/, /m/, /n/, /r/, /w/), weitere stimmhafte Phoneme (/g/, /d/, /z/) kommen nur in griechischen Lehnwörtern vor; in ursprünglich koptischen Wörtern markieren die entsprechenden Schriftzeichen keine eigenen Phoneme, sondern Allophone der stimmlosen Entsprechungen. In allen Dialekten finden sich fünf plosive Phoneme /k/, /p/, /t/, /kʲ/, /ʔ/, eine Affrikate /č/ (d.h. [tš]) und einige Frikative, unter denen sich mindestens /s/, /š/, /f/, /h/ befinden; /ḫ/ (graphisch ƅ, , ḫ) kommt in bestimmten Dialekten vor. Im Bohairischen besitzen /p/, /k/, /t/ aspirierte Allophone. Sehr auffällig ist auch die fast vollständige Aufgabe des Phonems /r/ im Fayyumischen, das dort stattdessen als /l/ erscheint.

Die in diesem Artikel verwendete Umschrift des Koptischen unterscheidet die Grapheme der koptischen Schrift ohne Rücksicht auf Allographen. Entsprechend werden beispielsweise sowohl ⲧⲓ als auch ϯ als *ti* wiedergegeben. Dagegen werden Allophone, soweit sie von der koptischen Schrift unterschieden werden, getrennt; folglich wird hier /nō/ [nu] als *nu* umschrieben. Darüber hinaus werden die silbischen und nicht-silbischen Allophone von /y/ und /w/ unterschieden.

Nominalphrasen

Morphologische Kategorien des koptischen Nomens

Das koptische Nominalsystem besitzt die Genera Maskulinum und Femininum sowie die Numeri Singular und Plural. Im Gegensatz zu früheren Formen des Ägyptischen werden diese Kategorien im Koptischen nicht mehr am Nomen selbst markiert. Dafür verfügt das Koptische über eine eigene Kategorie der Determination bzw. Indetermination, die hauptsächlich durch verschiedene Artikel und Demonstrativpronomina markiert wird, die nach Genus und Numerus flektiert werden.

Determination und Indetermination

Indetermination wird durch den unbestimmten Artikel (Singular *w-*, Plural *hen-*) oder eine Reihe von teils adjektivischen, teils substantivischen Indefinitpronomina angezeigt. Zur Markierung determinierter Nominalphrasen dient eine Gruppe formal nah verwandter Morpheme, denen die Elemente *p* (Maskulinum Singular), *t* (Femininum Singular) und *n* (Plural) gemeinsam sind. Es handelt sich im Einzelnen um folgende Formen, die meist vor dem Kern der Nominalphrase stehen (die aspirierten Allophone des Bohairischen werden nicht berücksichtigt; die Beispiele sind – soweit nicht anders angegeben – sahidisch):

Bezeichnung	Form	Beispiel
bestimmter Artikel	p(e), t(e), n(e)/nen	*te-rompe* „das Jahr"
bestimmter Artikel (Langform; nur dialektal)	pi, ti, ni	*pi-rōmi* „der Mensch" (Bohairisch)
Demonstrativartikel (Nähe)	pei, tei, nei	*pei-rōme* „dieser Mensch"
Demonstrativartikel (Ferne)	p, t, n + Sahidisch etmmaw, Bohairisch etemmaw, Achmimisch etmmo, Subachmimisch, Fayyumisch etmmew	*t-polis etmmaw* „jene Stadt"
Demonstrativartikel (Ferne + emotionale Distanz)	pi, ti, ni	*ni-rōme* „diese Menschen da"
Possessivartikel	p(e)=, t(e)=, n(e)= + pronominaler Possessor	*te-f-sōne* „seine Schwester"

Determinierte Nominalphrasen, die nicht nominal, sondern pronominal sind, werden mit den folgenden Morphemen gebildet:

Bezeichnung	Form	Beispiel
Possessivpräfix	pa, ta, na + nominaler Possessor	pa-p-yōt „derjenige des Vaters"
Demonstrativpronomen (Nähe)	pai, tai, nai	tai „diese"
Demonstrativpronomen (Ferne)	p, t, n + Sahidisch etmmaw, Bohairisch etemmaw, Achmimisch etmmo, Subachmimisch, Fayyumisch etmmew	netmmaw „jene"
Demonstrativpronomen (Ferne + emotionale Distanz)	pē, tē, nē	pē „der da"
Possessivpronomen	pō=, tō=, nu=	pō=s „der Ihrige"

Pronomina

Personalpronomina

Je nach Stellung und syntaktischer Funktion treten Personalpronomina in verschiedenen Formen auf. Dabei lassen sich selbstständige (absolute), abhängige (proklitische) und suffigierte Formen unterscheiden. Letztere treten in zahlreichen Allomorphen auf. Wie für afroasiatische Sprachen typisch, wird das Genus von den Personalpronomina nur in der 2. und 3. Person Singular unterschieden. Die folgende Tabelle listet die entsprechenden Morphe des sahidischen Dialekts auf:

		Selbstständig		Proklitisch	Suffigiert
		volltonig	enttont		
Singular	1.	anok	ang-	ti	=i
	2. m.	ntok	ntk-	k	=k
	2. f.	nto	nte-	te, tr	=∅, =e, =r(e), =te
	3. m.	ntof		f	=f
	3. f.	ntos		s	=s

Plural	1.	anon	an-	tn	=n
	2.	ntōtn	nten-	tetn	=tn, =tetn
	3.	ntow		se	=w

Absolute Personalpronomina stehen von wenigen Ausnahmen abgesehen am Satzanfang und haben in vielen Verwendungen betonende Wirkung. Sie können im Nominalsatz und in dreiteiligen Konjugationsmustern stehen; als Subjekt von zweiteiligen Konjugationsmustern setzt das Koptische die proklitischen Pronomina ein. Suffixpronomina werden immer an ein Bezugswort suffigiert. Sie werden insbesondere in der Verbalkonjugation als Subjekt und Objekt und als Objekt von Präpositionen benutzt. In possessiver Verwendung stehen sie hinter Possessivartikel und Possessivpronomen sowie hinter einer kleinen Gruppe von Substantiven. Substantive, auch Infinitive, und Präpositionen nehmen vor Suffixpronomina eine besondere morphologische Form ein, den *Status pronominalis*.

Verbalmorphologie

Während das ältere Ägyptisch eine komplexe synthetische Verbalmorphologie besaß, benötigt die Konjugation der meisten koptischen Verben nur noch zwei Formen: den *Infinitiv* und den *Qualitativ*. Der Infinitiv drückt vorwiegend einen Vorgang aus und kann sowohl als Prädikat als auch als Kopf einer Nominalphrase auftreten. Im Gegensatz dazu drückt der *Qualitativ* einen Zustand aus und ist auf die Funktion eines Prädikates beschränkt. Infinitiv und Qualitativ eines Verbs haben im Wesentlichen den gleichen Konsonantenbestand, aber unterschiedliche Vokale: *kōt* „bauen" (Infinitiv), *kēt* „gebaut sein" (Qualitativ).

Eine vorwiegend lautgeschichtlich bedingte, nicht mehr produktive Kategorie des Infinitivs ist der Status. Steht ein Infinitiv frei, hat es den *Status absolutus*; Infinitive vor einem Suffixpronomen stehen im *Status pronominalis* und vor einem direkt angebundenen nominalem Objekt schließlich im *Status nominalis*:

- Status absolutus
  - *kōt* „bauen"
- Status nominalis
  - *ket w-ēi* „ein Haus bauen, der Bau eines Hauses"
- Status pronominalis
  - *kot=f* „ihn bauen"

Nur ein Teil der Infinitive kann alle drei Status bilden; sie werden im Folgenden als „veränderliche Infinitive" bezeichnet.

Eine besondere Verwendung des Infinitivs ist der kausative Infinitiv, der aus dem Infinitiv in Kombination mit einem zusätzlichen Morphem (Sahidisch *tre*, Bohairisch *t^{h}re/t^{h}ro*, Achmimisch *te*) gebildet wird. Der kausative Infinitiv erlaubt im Gegensatz zum normalen Infinitiv eine Angabe seines Subjekts, das dann zwischen *tre*, *t^{h}re/t^{h}ro*, *te* und dem Infinitiv steht, vergleiche

Sahidisch

e	tre=	w	sōwh
zu, dass	kausatives Morphem	sie	sich versammeln
„dass sie sich versammeln", „ihr sich Versammeln"			

Vor allem als Prädikat hat der kausative Infinitiv, der historisch auf eine periphrastische kausative Konstruktion zurückgeht, tatsächlich auch kausative Bedeutung:

Bohairisch

f	t^hro	m	pe=f-rē	šai
er	kausatives Morphem	Präposition vor direktem Objekt	seine Sonne	aufgehen
„er lässt seine Sonne aufgehen"				

Konjugations- und Satzmuster

Nominalsatz

Als Nominalsatz werden eine Reihe von Satzmustern bezeichnet, deren Prädikat nicht verbal ist, sondern von einer Nominalphrase gebildet wird. In den meisten Satzmustern dieses Typs wird außerdem ein nach Genus und Numerus flektiertes Morphem benutzt, das einer Kopula ähnelt (Maskulinum Singular *pe*, Femininum *te*, Plural *ne*) und formal und etymologisch mit verschiedenen Determinationsmarkern in Verbindung steht. Die Negation erfolgt mit (n)…an/en. Als pronominales Subjekt der 1. und 2. Person werden in bestimmten Dialekten die sonst nirgends angewandten enttonten Formen der absoluten Pronomina eingesetzt. Wahl und Stellung der Morpheme hat dabei Einfluss auf pragmatische Aspekte des Satzes:

Satz	Übersetzung	Dialekt
nte nim	„*Wer* bist du?"	Sahidisch
du – wer		
u-dikaion te	„Es ist *gerecht.*"	Achmimisch
ein Gerechtes – sie, es		
t^hō=k te ti-čōm	„*Dein* ist die Macht"	Bohairisch
dein – sie – die Macht		
p-čajs de u-dikaios[2] pe	„Der Herr aber ist *ein Gerechter.*"	Achmimisch
der Herr – aber – ein Gerechter – er		
pe=f-ran pe pawlos	„Sein Name ist *Paulus.*"	Sahidisch
sein Name – er – Paulus		

Zweiteilige Konjugation

Zweiteilige Konjugationsmuster bestehen nur aus einem Subjekt sowie einem Prädikat. Bei dem Subjekt kann es sich um ein determiniertes Substantiv, um ein proklitisches Pronomen oder um einen Ausdruck *wn* + indeterminiertes Substantiv handeln. Das Prädikat wird durch einen Infinitiv, einen Qualitativ oder eine Adverbialphrase gebildet; zum Ausdruck des Futurs steht vor einem Infinitiv in Prädikatsstellung das Morphem na (Fayyumisch ne); die Verneinung erfolgt durch nachgestelltes *an/en*, das in den meisten Dialekten durch vorgestelltes *n* ergänzt wird.

Bemerkungen	Beispiel mit Analyse	Übersetzung	Dialekt
mit Infinitiv	ten sawn	„wir wissen"	Fayyumisch
	wir – wissen		
mit Qualitativ	pe=f-ran waab	„sein Name ist heilig"	Sahidisch
	sein Name – heilig sein		
mit Adverbialphrase:	f mmo	„er ist dort"	Achmimisch
	er – dort		
mit Futur und Infinitiv	te na ō	„du (f.) wirst schwanger werden"	Sahidisch
	du – Futur – schwanger werden		
mit Infinitiv und Negation	n-ti-če-met^{h}nuč an	„ich sage keine Unwahrheit"	Bohairisch
	nicht – ich – sagen – was falsch ist – Negation		

Dreiteilige Konjugation

Dreiteilige Konjugationsformen bestehen aus einer *Konjugationsbasis*, einem folgenden Subjekt und dem Prädikat. Die Konjugationsbasis ist kennzeichnend für Tempus, Modus, Aspekt, Aktionsart sowie die syntaktische Funktion des Satzes (Hauptsatz, Temporalsatz, etc.). Pronominale Subjekte werden durch bestimmte Allomorphe der suffigierten Pronomina ausgedrückt; bei dem Prädikat muss es sich um einen Infinitiv handeln. In allen Dialekten finden sich nahezu die gleichen Konjugationsbasen, die sich meist nur in phonologischer Hinsicht unterscheiden. Die folgenden Formen sind im Sahidischen in Hauptsätzen möglich:

Name		Konjugationsbasis		Beispiel
		vor Substantiv	vor Pronomen	
Perfekt	positiv	a-	a=	a=f sōtm „er hörte"
	negativ	mpe-	mp(e)=	mp=f sōtm „er hörte nicht"
Kompletiv	negativ	mpate-	mpat(e)=	mpat=f sōtm „er hatte noch nicht gehört"
Aorist	positiv	šare-	ša=	ša=f sōtm „er pflegt zu hören"
	negativ	mere-	me=	me=f sōtm „er pflegt, nicht zu hören"
Optativ	positiv	ere-	e=...-e	e=f-e sōtm „er möge hören"
	negativ	nne-	nne=	nne=f sōtm „er möge nicht hören"
Jussiv	positiv	mare-	mar(e)=	mare=f sōtm „lass ihn hören"
	negativ	mprtre-	mprtr(e)=	mprtre=f sōtm „lass ihn nicht hören"

Eine weitere Gruppe von Formen wird nur in eingebetteten Sätzen verwendet. Ihre Negation erfolgt mit nur einem Morphem (Sahidisch, Achmimisch, Subachmimisch tm; Bohairisch, Fayyumisch štem), vergleiche n=f sōtm „und er hört" (Sahidisch) mit negiertem n=f-tm-sōtm „und er hört nicht". Die Nebensatzkonjugationsbasen des Sahidischen sind:

Name	Konjugationsbasis		Beispiel
	vor Substantiv	vor Pronomen	
Präkursiv	ntere-	nter(e)=	ntere=f sötm „nachdem er hörte"
Konditionalis	eršan-	e=…-šan	e=f šan sötm „wenn er hört"
Limitativ	šante-	šant(e)=	šant=f sötm „bis er hörte"
Konjunktiv	nte-	n(te)=	n=f sötm „und er hört"
Konjunktiv Futur	tare-	tar(e)=	tare=f sötm „damit er hört"
Protatisches efsötm		e=	e=f sötm „wenn er hört"

Objekte und Adverbiale

Objekte folgen dem Verb. Bei Verben, die über einen veränderlichen Infinitiv verfügen, kann ein direktes Objekt entweder an den Infinitiv suffigiert werden, oder mit einer Präposition angeschlossen werden. Undeterminierte Objekte werden immer suffigiert, Objekte mit markierter Determination oder Indetermination werden in zweiteiligen Konjugationsmustern immer mit Präposition angeschlossen, in dreiteiligen Konjugationsmustern sind beide Konstruktionen möglich. Verben, die nur den Status absolutus haben, schließen das direkte Objekt immer mit einer Präposition an. Beispiele aus dem Sahidischen:

- zweiteiliges Konjugationsmuster: pčois me n-*n-dikaios* „der Herr liebt *die Gerechten*"
- dreiteiliges Konjugationsmuster: a=f čoo=*s* „er sagte *es*"

Wird kein Objekt suffigiert, dann folgt ein indirektes immer einem direkten Objekt; pronominale Objekte stehen jedoch immer vor nominalen. Adverbien und Präpositionalphrasen stehen meist hinter den Objekten. Beispiele:

Bohairisch

ti	na	ti	n=	e	m-	p=e-bek^{h}e
ich (proklitisch)	Futurmarker	geben	*Präposition*	du (f., suffigiert)	*Präposition*	dein (f.) Lohn
Subjekt des zweiteiligen Konjugationsmusters	Prädikat		indirektes Objekt		direktes Objekt	
„ich werde dir (f.) deinen Lohn geben"						

Sahidisch

sötm	nsa-	ne=tn-iote	kata-smot nim
hören, gehorchen	*Präposition*	eure Eltern	bei Allem
Prädikat (Imperativ)	Objekt		Präpositionalphrase
„Gehorcht euren Eltern in Allem!"			

Transpositionen

Selbstständige Sätze können durch bestimmte, am Satzanfang stehende *Satzkonverter* in syntaktischer oder semantischer Hinsicht transponiert werden. Die Formen der Satzkonverter hängen von der Art der Transposition und von Semantik und Syntax des transponierten Satzes ab. So kann der sahidische Satz se-sōtm „sie hören" in folgende vier Sätze beziehungsweise Phrasen transponiert werden:

- substantivisch: e-w-sōtm „dass sie hören"
- relativ: et-u-sōtm mmo=f „der, den sie hören"
- adverbial: e-w-sōtm „indem sie hören"
- präterital: ne-w-sōtm „sie hörten"

Wortschatz

Im koptischen Wortschatz lassen sich in historischer Hinsicht zwei große Gruppen unterscheiden. Mehrere tausend Wörter sind aus früheren Phasen des Ägyptischen ererbt; ein wesentlicher Anteil stammt dagegen aus dem Griechischen. Hierunter fallen sowohl religiöse oder technische Termini (*anastasis* < griechisch ἀνάστασις „Auferstehung") als auch so gewöhnliche Wörter wie *de*, *nde* < griechisch δέ „aber". Im Unterschied zu anderen Sprachen wurde die Morphologie von Fremdwörtern nicht entlehnt, sondern an das Koptische angepasst. Einige Wörter sind aus anderen Sprachen entlehnt oder haben keine bekannte Etymologie, unter diesen befinden sich auch einige Elemente des Grundwortschatzes.

Literatur

Grammatik

- Aziz Suryal Atiya (Hrsg.): *The Coptic Encyclopedia.* Macmillian Publishing Company und Collier Macmillian Canada, New York/Toronto 1991, ISBN 0-02-897037-3. *(zur Sprache siehe Band 8)*
- Thomas O. Lambdin: *Introduction to Sahidic Coptic.* 1982, ISBN 0-86554-048-9.
- Bentley Layton: *A Coptic Grammar with Chrestomathy and Glossary. Sahidic Dialect. Porta Linguarum. Neue Serie, Band 20.* Harrassowitz, Wiesbaden 2000, ISBN 3-447-04240-0
- Uwe-Karsten Plisch, *Einführung in die koptische Sprache.* 1999, ISBN 3-89500-094-9. *(deutschsprachiges Standardwerk)*
- J. Martin Plumley: *An introductory Coptic Grammar.* London 1948. [3]
- Hans Jacob Polotsky: *Grundlagen des koptischen Satzbaus. American Studies in Papyrology, Nr. 27–28.* Scholars Press, Decatur 1987–1990, ISBN 1555400760
- Ariel Shisha-Halevy: *Coptic grammatical chrestomathy. A course for academic and private study.* Peeters, Leuven 1988, ISBN 90-6831-139-5
- Walter C. Till: *Koptische Grammatik (Saïdischer Dialekt). Lehrbücher für das Studium der orientalischen Sprachen, Band 1.* Harrassowitz, Wiesbaden 1955
- Jozef Vergote: *Grammaire Copte.* Bd Ia, Ib, IIa, IIb. Leuven 1992, ISBN 90-6831-425-4.

Wörterbücher

- Walter Ewing Crum: *A Coptic Dictionary* [4]. Clarendon Press, Oxford 1939.
- Wolfhart Westendorf: *Koptisches Handwörterbuch.* Winter, Heidelberg 1977, ISBN 3-533-04523-4.

Weblinks

- Texte und Dokumente (P.Cherix, UniGe) [5]
- Koptische Bibel [6]
- Koptisches Wörterbuch) (PDF) [7]
- Materialien zur Grammatik [8]

Einzelnachweise

[1] Werner Vycichl: *Pi-Solsel, ein Dorf mit koptischer Überlieferung.* In: *Mitteilungen des Deutschen Archäologischen Instituts, Abteilung Kairo* 6, 1936, S. 169–175
[2] *dikaios* ist aus dem Griechischen entlehnt, siehe Wortschatz
[3] http://www.metalog.org/files/plumley.html
[4] http://www.metalog.org/files/crum.html
[5] http://www.coptica.ch
[6] http://www.moheb.de/Bible_books.html
[7] http://www.stantonius-kroeffelbach.de/dkb-buecher-downloads/verschiedenes/674-koptisches-woerterbuch/download.html
[8] http://www.uni-leipzig.de/~egypt/Institutshomepage/Studienmaterial.htm

Damian (koptischer Bischof)

Damian (Anrede: *Bischof Anba Damian*, Geburtsname: *Refaat Ramzi Mikhail FAHMI*; * 1955 in Kairo) ist Generalbischof der koptisch-orthodoxen Kirche in Deutschland und damit höchster Repräsentant des Koptisch-Orthodoxen Patriarchen in Deutschland.

Bischof Anba Damian

Mit seiner Weihe zum Generalbischof durch Papst Shenouda III. und die koptische heilige Synode im Juni 1995 ist er Seelsorger und Ansprechpartner für die rund 6.000 Kopten in acht Koptisch-Orthodoxen Gemeinden in Deutschland, wo er bereits seit 1993 als Seelsorger tätig war. Sein Amtssitz ist das „Kloster der Heiligen Jungfrau Maria und des Heiligen Mauritius" in Höxter-Brenkhausen - Kloster Brenkhausen

Leben

Damian wuchs in einer koptisch-orthodoxen Familie in Kairo auf. Nachdem sein Vater, der als Beamter im ägyptischen Gesundheitsministerium arbeitete, 1966 verstarb, übernahm die Mutter, die als Schneiderin und Hausfrau arbeitete, die Führung der Familie und zog die Kinder allein auf. Damian studierte Medizin in Kairo und schloss sein Studium 1979 ab. Nach Ableistung des Anerkennungsjahres in Kairo begann er 1981 seine Arbeit als zivilangestellter Arzt im amerikanischen Militärkrankenhaus in Stuttgart. Von 1982 bis 1988 absolvierte er die Facharztausbildung in Strahlentherapie, Nuklearmedizin und Röntgendiagnostik im Kreiskrankenhaus Ludwigsburg zum „Facharzt für Radiologie". Ab 1988 arbeitete er drei Jahre als Oberarzt in der Radiologie im Kreiskrankenhaus Mühlacker (Enzkreis).

1991 kam es zu einer Zäsur in Damians Leben, als er sich entschied, die gesicherte Existenz als Mediziner aufzugeben und fortan sein Leben in den Dienst der Koptisch-Orthodoxen Kirche zu stellen. Sein damaliges Ziel war ein Leben als Mönch in einem der ägyptischen Klöster, im Idealfall als Eremit (Einsiedler haben ein herausragenden Status innerhalb der Koptisch-Orthodoxen Kirche und bedürfen für diese Lebensform der Genehmigung des Patriarchen). Allerdings verlief die Entwicklung dann doch anders als von ihm geplant. Im November 1992 empfing er die Mönchsweihe, 1993 die Priesterweihe durch Papst Shenouda III. im ägyptischen St. Bischoi-Kloster. Im gleichen Jahr wurde er als Seelsorger für die in Deutschland geborenen koptisch-orthodoxen Jugendlichen nach Deutschland gesandt. Am 22. Dezember 1993 übernahm er für die Koptisch-Orthodoxe Kirche in Deutschland die verfallene Klosterruine in Höxter-Brenkhausen vom Land Nordrhein-Westfalen und begann – unter Mithilfe koptisch-orthodoxer Diakone aus Ägypten - mit der Restaurierung der Anlage, die seitdem sein Dienstsitz ist. 1995 folgte in der Markuskathedrale in Kairo die Weihe zum Generalbischof der Koptisch-Orthodoxen Kirche in Deutschland.

Damian legt in seiner Arbeit als Generalbischof außerordentlichen Wert auf die Arbeit und Integration innerhalb der Ökumene der christlichen Kirchen. Er unterhält seit Beginn seiner Tätigkeit in Deutschland intensive Kontakte zu katholischen und evangelischen Gemeinden, pflegt darüber hinaus aber auch Kontakte und Austausch sowohl mit jüdischen Organisationen und Gemeinden, wie auch mit gemäßigten islamischen Organisationen. Durch die eigene Vita geprägt, wirkt Damian für die Integration und das Verständnis zwischen abendländischer und orientalischer Kultur.

Damian ist im Kloster Höxter-Brenkhausen und auf seinen Reisen außerhalb immer in der Tracht des Koptisch-Orthodoxen Mönches anzutreffen. Neben der schwarzen Priestersoutane ist dies insbesondere die bescheidene Kappe, die mit 12 koptischen Kreuzen den Schutz der 12 Apostel für den Träger symbolisiert. Die Mittelnaht geht, der Legende nach, auf eine Begebenheit zurück, die dem Heiligen Antonius in der Wüste widerfuhr. Ein Dämon versuchte ihm seine Kappe vom Kopf zu stehlen, aber er hielt sie fest, und die Kappe riss in der Mitte. Die symbolische Naht erinnert die Kopten heute an Anfeindungen und Angriffe, die sie in diesem Leben zu erwarten haben. Ein weiterer Bestandteil der Tracht ist das koptische Lederkreuz. Bei festlichen Anlässen wird die Tracht durch eine Kopfbedeckung ergänzt, die an eine Turban erinnert.

Das Kloster in Höxter-Brenkhausen hat Damian zu einem Ort der Begegnung gemacht. Die hohe Zahl der Besucher – sowohl christliche Gemeinden, wie auch Individualbesucher – verdeutlicht sowohl die Offenheit, mit der Damian und die Koptisch-Orthodoxe Kirche sich (ohne jeglichen Missionseifer) den interessierten Besuchern vorstellen, als auch die ägyptische Gastfreundschaft, die man bei einem Besuch in Brenkhausen erfährt.[1]

> „Der Papst der koptisch-orthodoxen Kirche gilt als der Nachfolger des heiligen Evangelisten Markus. Der römische Papst ist der Nachfolger des heiligen Petrus. Der Patriarch von Alexandrien trug aus Tradition den Papsttitel, deswegen ist es keine Anmaßung und keine Überheblichkeit, dass der Patriarch von Alexandria den Titel schon viele, viele Jahre getragen hat vor dem römischen Patriarch.“
>
> – Bischof Damian im Gespräch mit Deutschlandradio Kultur 2008

Weblinks

- Koptisch orthodoxes Kloster Hoexter [14]
- kath.net, 23. Januar 2007: Interview mit Anba Damian [2]
- Anba Damian : Arzt, Mönch und Generalbischof der Kopten [3]

(Kurz-)Filme mit Bischof Anba Damian

- "Religionsfreiheit weltweit" Anba Damian, Generalbischof [4]
- Das Koptische Kreuz [5]
- Die Koptische Taufe [6]
- Die Flucht der Heiligen Familie nach Ägypten [7]

- Der Koptische Altar [8]
- Die Ikonostase der Koptischen Kirche [9]
- Das Heilige Brot [10]
- Die Kopfbedeckung der Mönche [11]
- Seine Heiligkeit Papst Shenouda III [12]
- Die Zimbel [13]
- Weitere Filmbeiträge auf youtube.de [14]

Belege

[1] Deutschlandradio Kultur vom 6. September 2008: „Anba Damian: Arzt, Mönch und Generalbischof der Kopten“ (http://www.dradio.de/dkultur/sendungen/religionen/842799/)
[2] http://www.kath.net/detail.php?id=15777
[3] http://www.dradio.de/dkultur/sendungen/religionen/842799/
[4] http://www.youtube.com/watch?v=uT3FQrG85r8
[5] http://www.youtube.com/watch?v=CooyYJaQltY
[6] http://www.youtube.com/watch?v=9SzyfDsD_1k
[7] http://www.youtube.com/watch?v=rnc7y6tsc2E
[8] http://www.youtube.com/watch?v=dPlF_T65hNY
[9] http://www.youtube.com/watch?v=F2FD8j08F_A
[10] http://www.youtube.com/watch?v=CzCxJMnLioM
[11] http://www.youtube.com/watch?v=PucRfSO1brA
[12] http://www.youtube.com/watch?v=P-4wfXNasq0
[13] http://www.youtube.com/watch?v=cT4PlWmAYzo
[14] http://www.youtube.com/results?search_type=&search_query=anba+damian&aq=f

Kloster Brenkhausen

Ehem. Zisterzienserinnenkloster Brenkhausen	
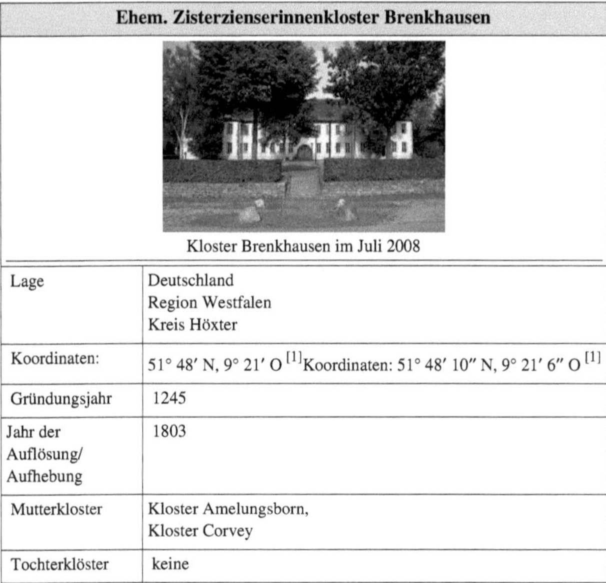 Kloster Brenkhausen im Juli 2008	
Lage	Deutschland Region Westfalen Kreis Höxter
Koordinaten:	51° 48′ N, 9° 21′ O [1]Koordinaten: 51° 48′ 10″ N, 9° 21′ 6″ O [1]
Gründungsjahr	1245
Jahr der Auflösung/ Aufhebung	1803
Mutterkloster	Kloster Amelungsborn, Kloster Corvey
Tochterklöster	keine

Das **Kloster Brenkhausen** ist ein ehemaliges Zisterzienserinnenkloster in Brenkhausen bei Höxter, Kreis Höxter in Westfalen und wird heute als koptisch-orthodoxes Männerkloster und Sitz des Generalbischofs der Koptisch-Orthodoxen Kirche in Deutschland, Bischof Anba Damian, genutzt. Die Koptisch-Orthodoxe Kirche unterhält im Kloster u. a. ein Bibelmuseum und eine Kreuzausstellung. Das Kloster wird zur Zeit von Diakonen der koptischen Kirche und ehrenamtlichen Helfern vorwiegend in Eigenleistung aufwendig saniert. Die fertiggestellten Ausstellungsräume stehen tagsüber dem Besucherpublikum offen.

Geschichte

Um 1245 siedelten Zisterzienserinnen, die sich um 1234 zunächst in Ottbergen niedergelassen hatten und ihre Niederlassung um 1236 nach Brückenfeld vor Höxter verlegt hatten, neben der bestehenden Pfarrkirche unter Abt Hermann von Corvey. Die Kirche wurde umgebaut und der Klosterbau begonnen. Der Propst wurde aus dem Zisterzienserkloster Amelungsborn bestellt.

1276 gab es einen Brand[2] , der Gebäude, Urkunden und Privilegien vernichtete. Das Kloster wurde in den 1280er-Jahren wieder aufgebaut. Papst Nikolaus V. beauftragte den Abt von Amelungsborn mit der Visitation des Klosters 1288. Im Jahre 1301 wurde der Abt von Hardehausen geistlicher Oberer und Visitator des Klosters *Vallis Dei*. Die Bautätigkeiten wurden im Jahre 1320 abgeschlossen und die Kirche wurde durch den Paderborner Weihbischof Hermann am 3. Dezember der gleichen Jahren geweiht. Der Paderborner Weihbischof Hermann weihte im Jahr 1339 23 Frauen zu Nonnen. Offensichtlich gehörte das Kloster zur Diözese sowie zum Fürstbistum Paderborn und nicht zum benachbarten Kloster bzw. Fürstbistum Corvey.

Es gibt Urkunden, datiert Ende des 14. Jahrhundert, die von einer Klosterschule und ein Mädchenpensionat berichten, wo höhere Töchter erzogen werden. Um 1560 gab es, verursacht durch moralische und wirtschaftliche Zerrüttung, einen Niedergang des Klosters. Zu dieser Zeit lebten nur noch die Äbtissin und zwei Nonnen in dem

Kloster. Das Kloster Corvey versuchte, die Verhältnisse des Klosters neu zu ordnen, musste aber auf Drängen des Zisterzienserklosters Hardehausen den Propst zurückziehen.

1595 wurde das Kloster durch den Propst von Corvey neu besetzt und 1601 mit Benediktinerinnen aus Corvey neubesiedelt, 1608 wurde die erste Benediktinerin zur Äbtissin gewählt. Im Dreißigjährigen Krieg wurde das Kloster verwüstet und ab 1630 wiederaufgebaut. Im Jahre 1656 wurde ihm die untere Gerichtsbarkeit verliehen. Um 1683 blühte das Kloster unter dem Propst Florenz von der Velde wieder auf. Zwischen 1678 und 1691 wurde die Kirche in einem barocken Stil ausgestattet. In der Volkszählung unter dem Abt Florenz von Corvey, durchgeführt 1700, lebten 51 Personen im Kloster, davon 14 Nonnen und sieben Schülerinnen der Klosterschule. Zwischen 1710 und 1746 wurden drei barocke Klosterflügel gebaut. Ambrosius Bruns, der spätere Abt des Klosters Grafschaft war von 1717 bis 1719 Beichtvater der Nonnen in Brenkhausen. Im Jahre 1803 wurde das Kloster säkularisiert und in eine landwirtschaftliche Domäne mit Viehstall, Scheune und Brennerei umgewandelt.

Besitzverhältnisse / Sanierung

Erster weltlicher Besitzer des Klosters war der weltliche Landesherr Erbprinz Wilhelm Friedrich von Nassau-Oranien. Während des Königreiches Westphalens unter Napoleon wurde General Colbert übergangsweise Besitzer des Klosters, das anschließend an den russischen General Friedrich Karl von Tettenborn und 1818 an den Landgrafen von Hessen-Rotenburg kam, der es mit dem Mediatfürstentum Corvey vereinigte.

Im Jahr 1993 kaufte die Koptische Kirche unter Abt-Bischof Abba Damian das Kloster von der Landesregierung. Am 29. Januar 1994 wurde die erste koptische eucharistische Liturgiefeier im Kloster gefeiert. Der koptische Papst Shenouda III. unterstützte von Beginn an das Klosterprojekt. Im gleichen Jahr begannen die Sanierungsarbeiten mit dem Süd- und Westflügel und seit 2007 mit dem Nordflügel. Dabei helfen oft Freiwillige aus Ägypten, vor allem bei der Wandsanierung in traditioneller Lehmbauweise. Der Endputz wird dann mit einer weißen Kalk-Quark-Farbe versehen. Auch Einsatzgruppen des internationalen Bauordens waren mehrfach tätig. Der Detmolder St. Martin Orden unterstützt das Kloster in bautechnischen Fragen und bei der Beschaffung von Material und Ausstattung. Im Nordflügel entstehen derzeit Ausstellungsräume im Erdgeschoss und Gästezimmer im Obergeschoss.

Klosterkirche und -Gebäude

Die ehemalige Klosterkirche des Konventes, die heutige Pfarrkirche, ist eine dreischiffige Pfeilerbasilika mit geradem Chorabschluss ohne Nonnenempore[3] . Sie wird als katholische Pfarrkirche St. Johannes Baptist, Brenkhausen benutzt. Als barocke Ausstattung ist nur der Hochaltar erhalten (einige Figuren im Hauptschiff existieren noch). Die Nonnenempore wurde im 19. Jahrhundert abgerissen. Eines der Seitenschiffe wurde abgerissen und um 1924 wieder errichtet.

Katholische Kirche St. Johannes Baptist Brenkhausen

Auf dem Hochaltar sind die Figuren Benedikt und Nursia, seine Schwester Scholastika, Johannes der Täufer (Namenspatron der Kirche) und Vitus (der Patron Corveys) zu sehen. Weiterhin trägt der Altar das Corveyer Wappen und die Jahreszahl 1696. Das Altarbild soll die Himmelfahrt Mariens darstellen. In der Spitze über dem Corvery Abtswappen ist die Dreifaltigkeit in einem weiteren Bild dargestellt.

Der gotische Flügel des ehemaligen Klosters wird von der katholischen Pfarrgemeinde als Pfarrheim genutzt. Die Klosterkirche und das Pfarrheim sind in Besitz der katholischen Kirche.

Der Barockteil des Konventsgebäudes ist in Besitz des koptischen Klosters. Die barocken Klosterflügel werden als Bibelmuseum und Kirchenmodellausstellung benutzt. Ein Kreuzgangflügel wird als koptischer Gottesdienstraum verwendet. Das koptische Kloster besitzt die Patronate der Heiligen Jungfrau Maria und des St. Mauritius.

Außergewöhnlich ist, dass die ehemalige Klosterkirche dem Patronat St. Johannes Baptist geweiht wurde und nicht wie bei vielen Nonnenklöstern ein Marienpatronat besitzt.

Vor der Klostergründung existierte schon die Siedlung Brenkhausen.

Literatur

- Klosterführer Brenkhausen, Koptisches Orthodoxes Kloster der Heiligen Jungfrau Maria und St. Mauritius, 2005.
- Dorothea Kluge/Winfried Hansmann (Bearb.): Georg Dehio (Begr.). Handbuch der Deutschen Kunstdenkmäler Nordrhein-Westfalen, II. Westfalen, Deutscher Kunstverlag München/Berlin, 1969, S. 83, ISBN 3-422-00354-1.
- Beitrag Brenkhausen/Ottbergen von Hiltrud Reinecke in Peter Pfister (Hrsg.): Klosterführer aller Zisterzienserklöster im deutschsprachigen Raum, 2. Aufl., Editions du Signe, Strasbourg 1998, S. 304, ISBN 2-87718-596-6.
- Gabriele Maria Hock: Die westfälischen Zisterzienserinnenklöster im 13. Jahrhundert; Gründungsumstände und frühe Entwicklung, Diss Uni Münster, 2004, digitale Publikation [4].
- Westfälisches Klosterbuch: Lexikon der vor 1815 errichteten Stifte und Klöster von ihrer Gründung bis zur Aufhebung, Hrsg.: Hengst, Karl, Münster, Verlag Aschendorff, Band 1 1992,Seite 147-151; Band 2 1994.
- Schmitz-Kallenberg: Monasticon Westfaliae, Seite 12
- Hans Joachim Brüning: Zur Geschichte des Klosters Brenkhausen, in: Höxtersches Jahrbuch 6, 1981, Seiten 43-97.
- Franz Anton Koch: Kloster Brenkhausen: in: Westefälische Zeitschrift 36/II, 1878, Seiten 113-128

Weblinks

- Webseite des Klosters [16]

Einzelnachweise

[1] http://toolserver.org/~geohack/geohack.php?pagename=Kloster_Brenkhausen&language=de¶ms=51.802644_N_9.3517267_E_region:DE-NW_type:landmark

[2] Entsprechend den Angaben aus der Dissertation von Hock S. 434 f.

[3] Entsprechend den Angaben aus der Dissertation von Hock S. 438 f.

[4] http://miami.uni-muenster.de/servlets/DocumentServlet?id=1721&XSL.H_main=S_GLOBAL&XSL.H_searchId=searchId

St. Markus Koptisch-Orthodoxe Kirche Frankfurt

Die **St. Markus Koptisch-Orthodoxe Kirche Frankfurt** ist ein Gotteshaus der koptisch-orthodoxen Kirche in Frankfurt am Main. Die Frankfurter Kirchengemeinde ist mit 400 Familien (entspricht fast 1000 von insgesamt 6000 Kopten in Deutschland), davon rund 300 regelmäßigen Kirchgängern, die größte koptische Gemeinde in Deutschland.[1] Sie ist dem Evangelisten Markus geweiht, dem nach altchristlicher Tradition ersten Bischof von Alexandria und damit Begründer der koptischen Kirche.

St.-Markus-Kirche und Gemeindezentrum

Geschichte

St.-Markus-Kirche und Gemeindezentrum

Kirche und Gemeindezentrum befinden sich im ehemaligen Bürgertreff *Käthe-Kollwitz-Haus* in einem Wohnviertel des Stadtteils Frankfurt-Hausen. Das Haus war 1963 als seinerzeit siebtes Frankfurter Bürgerhaus eröffnet worden.[2] Das Gebäude wurde von der städtischen Saalbau GmbH errichtet, jedoch 1998 wegen Unrentabilität an die koptisch-orthodoxen Gemeinde Frankfurt verkauft. Ein Teil des Gebäudes wird nach wie vor als städtischer Kinderhort genutzt.[3] Bemerkenswert im Innern des ansonsten schlichten Flachbaues ist die bunt bemalte Ikonostase, die den Altarbereich (Bema) vom inneren Kirchenschiff abtrennt.[4]

Priester der 1975 gegründeten koptisch-orthodoxen Markusgemeinde ist seit 1987 Abuna Pigol Bassili.[5] [6]

Am 8. Januar 2011 findet in der Frankfurter Markus-Kirche – als zentrale Veranstaltung in Deutschland – eine ökumenische Trauerfeier für die Opfer des Terroranschlags vom 1. Januar 2011 vor einer koptischen Kirche in Alexandria statt. In der Nacht von 6. auf 7. Januar 2011 feierte die Markusgemeinde den wie immer in drei Sprachen (deutsch, koptisch und arabisch) abgehaltenen mehrstündigen Weihnachtsgottesdienst erstmals unter Polizeischutz, da die Sankt-Markus-Kirche auf einer Internetseite ägyptischer Islamisten als Terrorziel genannt worden war.[7]

Die koptische Markuskirche ist nicht zu verwechseln mit der evangelischen Markuskirche, die sich im Stadtteil Bockenheim befindet. In der Nähe der koptischen Markuskirche im Stadtteil Hausen wird seit 2009 die Hazrat-Fatima-Moschee errichtet, die 2011 fertiggestellt sein wird.

Weblinks

- St. Markus Koptisch-Orthodoxe Kirche Frankfurt [8]

Einzelnachweise

[1] Koptische Gemeinde in Frankfurt: Weihnachten mit der Polizei (http://www.taz.de/1/politik/deutschland/artikel/1/weihnachten-mit-der-polizei/), die tageszeitung, 5. Januar 2011
[2] Chronik von Hausen (http://www.frankfurt.de/sixcms/detail.php?id=2345218&_ffmpar[_id_inhalt]=61749&template=nav_spez_ohne_nav)
[3] Chronik von Hausen (http://www.frankfurt.de/sixcms/detail.php?id=2345218&_ffmpar_az[_stadtteil_name]=Hausen)
[4] Abbildung (http://delivery1.dam.contentpool.evangelisch.de/DeliveryServer/get?id=Vg-8yWptGVWwn66HocqszzfmBgmLUiRsGkEZUbEbrI_RZnEWvdf-YNtaLtn-MmMRUfOwKACik9mqCvSmVxOSvUeVXKncZ5streeLF4sLdrROyG
[5] Nach Anschlag: Kopten-Weihnacht unter Polizeischutz (http://www.hr-online.de/website/rubriken/nachrichten/indexhessen34938.jsp?rubrik=36082&key=standard_document_40523933), hr-online, 4. Januar 2011
[6] Koptisch-Orthodoxe Kirche in Frankfurt: Beten gegen die Angst (http://www.fr-online.de/frankfurt/beten-gegen-die-angst/-/1472798/5059580/-/index.html), Frankfurter Rundschau, 3. Januar 2011
[7] Weihnachten unter Polizeischutz: Der Generalkonsul verlässt vorzeitig die Messe (http://www.faz.net/s/Rub117C535CDF414415BB243B181B8B60AE/Doc~E4897391EC9764D169461FC0F0426DEFE~ATpl~Ecommon~Scontent.html), Frankfurter Allgemeine Zeitung, 7. Januar 2011
[8] http://www.kopten.de/stmarkus/

Koordinaten: 50° 7′ 30″ N, 8° 37′ 24″ O

Christenverfolgung

Als **Christenverfolgung** bezeichnet man eine systematische, gesellschaftliche und/oder staatliche Benachteiligung und existenzielle Bedrohung von Christen aufgrund ihres Glaubens.

Nach Schätzungen der Internationalen Gesellschaft für Menschenrechte, des Internationalen Instituts für Religionsfreiheit, der katholischen Menschenrechtsorganisation Kirche in Not sowie der evangelikalen Organisation Christian Solidarity International sollen 75 bis 80 Prozent der Menschen, die derzeit wegen ihres Glaubens verfolgt werden, zum Christentum gehören.[1] Auch Amnesty International berichtet über systematische Verfolgungen ethnischer und religiöser Minderheiten in verschiedenen Ländern, darunter Christen.[2]

Repressionen und Übergriffe gegen Christen in Afrika und Asien reagieren zum Teil auf verstärkte Missionierungen von Freikirchen und auf die Identifizierung christlicher Minderheiten mit dem „Westen".[3] [4]

Begriff

Als *Christenverfolgung* bezeichnet man in der Christentumsgeschichte zunächst die Christenverfolgungen im Römischen Reich bis zur Mailänder Vereinbarung im Jahr 313.

Kollektive Verfolgungen christlicher Gemeinden und Kirchen geschahen unter je eigenen historischen Bedingungen auch im Einflussbereich des Islam, des Nationalismus, Realsozialismus und Nationalsozialismus. Sie reichten von Verhaftungen, Versammlungs- und Gottesdienstverboten, gezielt gegen christliche Gemeinden gerichteten Enteignungen bis zu Vertreibungen, Massakern und Völkermord. Bloße Ablehnung christlicher Lehren, Diskriminierung oder gesetzliche Einengung kirchlicher Tätigkeiten wird dabei nicht als „Verfolgung" beschrieben. Auch existenzbedrohende Staatsmaßnahmen, die Christen nicht primär wegen ihres Christseins, sondern aus anderen Gründen und mit anderen Gruppen betrafen, fallen nicht darunter, ebenso wenig Verfolgungen christlicher Minderheiten durch andere Christen.

Manche definieren auch lokale, nichtstaatliche religiöse Diskriminierungen von und Morde an Christen als Christenverfolgung[5] , andere nur staatliche Unterdrückung[6] oder gesellschaftliche Verfolgung mit Todesopfern.[7]

Der Open Doors Weltverfolgungsindex misst Christenverfolgung an vier Merkmalen:[8]

1. Rechtlicher und offizieller Status von Christen
    - Ist die Religionsfreiheit mit dem Recht auf öffentliche Versammlung in der Landesverfassung und/oder den Landesgesetzen verankert?
    - Haben die Bürger das Recht, ungestraft zum Christentum zu konvertieren?
    - Gibt es eine verpflichtende Staatsreligion für jeden Bürger?
    - Dürfen Christen ihre Religion öffentlich ausüben?
2. Die tatsächliche Situation der im Land lebenden Christen
    - Werden Christen ihres Glaubens wegen verhaftet oder getötet?
    - Werden Christen ihres Glaubens wegen zu Gefängnis- oder Arbeitslagerstrafen verurteilt bzw. in die Psychiatrie eingewiesen?
3. Reglementierungen durch den Staat
    - Dürfen christliche Literatur und Bibeln im Land gedruckt, verbreitet bzw. eingeführt werden?
    - Werden christliche Veröffentlichungen zensiert/verboten?
    - Dürfen Kirchen gebaut, renoviert oder Räume für gemeindliche Zwecke gemietet/gekauft werden?
4. Faktoren, die die Religionsfreiheit in einem Land untergraben können
    - Werden Versammlungsorte von Christen oder deren Häuser aus christenfeindlichen Motiven angegriffen?
    - Gehen Behörden den Beschwerden und Anzeigen von Christen wegen nicht-staatlicher Übergriffe nach?

Das Islam-Handbuch fasst Ermordung, Versklavung, Vergewaltigung, Folter, Entführung, Todesstrafen, Gefängnis, Entehrung, Enteignung von zum Christentum Konvertierten, Verbot von christlichem Religionsunterricht, Kirchenbauten und/oder Besitz einer Bibel unter den Stichworten Christenverfolgung und -diskriminierung zusammen.[9]

Geschichte

Spätantike

Persien

Im spätantiken Sassanidenreich, in dem der Zoroastrismus eine prominente Rolle spielte, kam es, nachdem es bereits zuvor vereinzelt Übergriffe des Staates gegeben hatte (z. B. unter Bahram II.), im 4. Jahrhundert unter Schapur II. zu einer systematischen Christenverfolgung (siehe auch Simon bar Sabbae). Diese Verfolgung, über die die *Chronik von Seert* und mehrere Märtyrerakten Auskunft geben,[10] war primär politisch motiviert, da fast zeitgleich im Römischen Reich das Christentum privilegiert worden war und der persische Großkönig Kollaboration seiner christlichen Untertanen mit den Römern befürchtete.

Auch in Armenien, das von den Sassaniden beansprucht und teilweise kontrolliert wurde (Persarmenien), wurden Christen immer wieder aus politischen Gründen verfolgt. Im 5. Jahrhundert formierte sich in Persien dann die „nestorianische" Assyrische Kirche des Ostens als eine Art „innerpersische Kirche". Im Anschluss daran kam es zu einem weitgehenden Ausgleich der Perserkönige mit ihren christlichen Untertanen und nur noch vereinzelt zu Übergriffen. Infolge der römisch-persischen Kriege im 6. und 7. Jahrhundert waren die Christen teils aber wieder Repressalien ausgesetzt, so unter Chosrau I. (in dessen zweiter Regierungshälfte) sowie unter Chosrau II. (gegen Ende von dessen Herrschaft, siehe Yazdin und Anastasius der Perser). Als die Araber in den 30er und 40er Jahren des 7. Jahrhunderts im Zuge der Islamischen Expansion das Sassanidenreich eroberten, fanden sie besonders im Westen zahlreiche blühende Christengemeinden vor, die in der Folgezeit jedoch zumeist untergingen.

Jemen, Oman

Im Gebiet des heutigen Jemen und Oman waren die herrschenden Himjariten Anfang des 6. Jahrhunderts zum Judentum übergetreten, um nicht in den Römisch-Persischen Kriegen zwischen dem christlichen Oströmischen Reich und dem vom Zoroastrismus bestimmten Sassanidenreich aufgerieben zu werden. Besonders unter dem neunten jüdischen König Du Nuwas kam es zu einer blutigen Christenverfolgung von der „Nestorianer", besonders aber Miaphysiten betroffen waren. Er wollte sie zum Übertritt zum Judentum zwingen und befürchtete ein Eingreifen Ostroms.

Eine von den Lachmiden einberufene Konferenz in Ramla, über die unter anderem Prokopios von Caesarea berichtet, sollte die Kriege zwischen Ostrom und dem Sassanidenreich beenden (525). Dort forderte *Du Nuwas* den Sassanidenherrscher auf, die Christen seines Landes ebenfalls zu verfolgen. Daraufhin veranlasste Ostrom das befreundete christliche Reich von Aksum, den Jemen zu erobern. Da *Du Nuwas* wiederholt christliche Händler aus Aksum ausweisen und töten ließ, folgte Aksum der Aufforderung und beendete mit seiner Eroberung die jüdische Königsreihe im Jemen.

Mittelalter

Islamische Länder

Nach islamischem Völkerrecht konnten Christen als sog. Schriftbesitzer unter islamischer Herrschaft als Dhimmis leben. Damit ging die Zahlung der *Dschizya* einher, wofür ihnen Schutz des Lebens und Eigentums sowie ein gewisses Maß an Religionsfreiheit zugesichert wurde.[11] Dennoch kam es - auch in der Frühzeit des Islam - vereinzelt zu Übergriffen gegen Christen (siehe etwa die Chronik des Pseudo-Dionysius von Tell Mahre).

Der Abfall vom Islam gehört nach islamischer Glaubenslehre zu den schlimmsten möglichen und nicht vergebungsfähigen Sünden.[12] So heißt es beispielsweise in Sure 4, Vers 137:

> „Denen, die glauben und dann ungläubig werden, dann wieder glauben und dann wieder ungläubig werden und dann im Unglauben zunehmen, denen wird Gott unmöglich vergeben, und Er wird sie unmöglich einen rechten Weg führen."
>
> – Übersetzung nach Khoury; vgl. u.a. 2:217 und 16:106 f.

Während der Koran keinerlei diesseitige Bestrafung von Apostaten vorsieht,[13] sind diese nach islamischem Recht zu töten.[14] Islamische und christliche Herrscher bekämpften sich seit dem Mittelalter in den umstrittenen Gebieten des Mittelmeerraums – besonders in Kleinasien, Afrika und Spanien. Später kam es auch zu wechselseitigen Verfolgungen in den jeweils von einer Religion beherrschten Ländern an den Minderheiten der anderen Religion.

Bekannt sind Massaker an Christen und Juden im Kontext der Kreuzzüge. Unter den Almohaden, Mauren und Seldschuken wurden dann auch katholische und orthodoxe Christen teilweise systematisch vertrieben und ermordet.

Siehe auch: Glaubensfreiheit im Islam

Frühe Neuzeit

Japan

→ *Hauptartikel: Christentum in Japan*

Nach der ersten Landung portugiesischer Seeleute auf Japan 1542 begann sehr bald eine christliche Missionierung unter Führung von Francisco Xavier. In den folgenden Jahrzehnten konvertierten mehrere hunderttausend Japaner, darunter auch einige Fürstenfamilien, unter Duldung der sich zu diesem Zeitpunkt erst bildenden Zentralregierung zum Christentum.

Zwar verwies bereits Toyotomi Hideyoshi um 1587 die Missionare des Landes, da er in der Einflussnahme jesuitischer, vor allem aber franziskanischer Missionare eine Bedrohung seiner Machtposition sah. Aus wirtschaftlichen Gründen wurde dieser Erlass jedoch kaum durchgesetzt. Erst 1597, ein Jahr vor Hideyoshis Tod, wurden 26 Christen gekreuzigt (Märtyrer von Nagasaki).

Hideyoshis Nachfolger Tokugawa Ieyasu zeigte sich zunächst tolerant, da er auf den Handel mit den Portugiesen angewiesen war, und wohl auch durch den Einfluss seines englischen Beraters William Adams. Doch nach Adams' Tod, und nachdem auch zu Holland und England Handelsbeziehungen entstanden (wodurch auch der Konflikt zwischen römisch-katholischem Christentum und dem Protestantismus in Japan bekannt wurde), änderte sich die Einstellung unter seinen Nachfolgern. Grund dafür war die Furcht vor christlichen Glaubenskriegen in Japan sowie die Erkenntnis, dass viele Christen untereinander und gegenüber der Kirche größere Loyalität zeigten als gegenüber dem Tennō und dem Shōgun. Ab etwa 1612 wurde das Christentum schrittweise verboten.

Den Höhepunkt erreichte diese Entwicklung unter Ieyasus Nachfolgern Tokugawa Hidetada und Tokugawa Iemitsu, besonders nachdem sich 1637 auf Kyushu die überwiegend christliche Bevölkerung im Shimabara-Aufstand gegen das Shogunat erhob. Der Aufstand wurde blutig niedergeschlagen, über 40.000 Christen getötet. Verfolgungsbehörden wurden eingerichtet, die eine landesweite Verfolgung und Ausrottung der Christen zum Ziel hatten. Wer verdächtigt wurde, Christ zu sein, musste sich öffentlich vom Christentum abkehren und christliche Symbole schänden, die als 踏み (*fumie*, „Tret-Bilder") bezeichnet wurden, sowie sich in die Glaubensregister buddhistischer Tempel eintragen und diese regelmäßig besuchen. Diejenigen, die sich weigerten, ihren christlichen Glauben abzulegen, wurden hingerichtet, oft durch öffentliche Kreuzigung oder Verbrennung.

Das japanische Christentum entwickelte sich während dieser Verfolgungsphase zu einer neuen synkretischen Religion, dem Kakure Kirishitan, mit Einflüssen des Buddhismus, des Daoismus und des Shinto. Nach der erneuten Zulassung des Christentums (1873 unter Tennō Meiji) gliederten die Anhänger dieses Glaubens sich in die neu entstehenden christlichen Gemeinden ein, manche lehnten dies aber auch ab, da ihre stark abgewandelte Religion von westlichen Kirchenorganisationen nicht akzeptiert wurde. Sie bilden heute eine schwindende Minderheit, deren Glaubensvorstellungen aber in einer Reihe der so genannten „neuen Religionen" weiterlebt.

Neuzeit

Frankreich

→ *Hauptartikel: Entchristianisierung*

Die Französische Revolution 1789 war anfangs nicht kirchenfeindlich orientiert. Die Parole Freiheit, Gleichheit, Brüderlichkeit wurde auch von vielen Priestern mitgetragen. 1790 verordnete ein Gesetz die Aufhebung nichtkaritativer Klöster. Die Ländereien des katholischen Klerus wurden enteignet und häufig an Stadtbürger verkauft. Dabei stand nicht die Abschaffung des Christentums, sondern von kirchlichen und adeligen Privilegien zu Gunsten der Gleichberechtigung aller Bürger im Vordergrund.

Doch nun verweigerten die meisten Kirchenbeamten den Eid auf die Verfassung und wurden daraufhin zu Zehntausenden inhaftiert und deportiert, häufig auch hingerichtet. In den Folgejahren verarmten die von den ehemaligen Kirchengütern abhängigen Bauern. Gegen ausländische Truppen versuchte die Nationalversammlung 1793 massenhaft Rekruten auf dem Land zum Militärdienst zu verpflichten. Daraufhin kam es vor allem in der Region der Vendee zu Aufständen, die blutig niedergeschlagen wurden. Dabei sollen Hunderttausende Menschen getötet worden sein; manche Gegenden verloren ein Drittel ihrer Bevölkerung.

Im selben Jahr wurde die Religionsfreiheit widerrufen und das Christentum verboten. 1795 nach dem Ende der Terrorherrschaft der Jakobiner wurde es jedoch wieder zugelassen. 1798 besetzten die Franzosen Rom, setzten den Papst ab und riefen die Römische Republik aus. 1799 gelangte Napoléon Bonaparte durch einen Staatsstreich zur Macht und garantierte von nun an dauerhaft die christliche Religionsausübung, ohne aber die Macht des römischen Papstes in Frankreich erneut zuzulassen.

Ob dieser Verlauf als systematische Christenverfolgung oder eher als konfessionell überlagerter Bürgerkrieg zu gelten hat, ist historisch umstritten. Die Angriffe der Revolutionäre auf das Papsttum trugen dazu bei, dass die folgenden Päpste und Katholiken der Aufklärung und Demokratie skeptisch und feindlich gegenüberstanden. Dies hatte Folgen auch im späteren Kulturkampf im Deutschen Kaiserreich.

Osmanisches Reich

→ Siehe auch: Völkermord an den Armeniern und Völkermord an den Aramäern

1894 kam es im Bergland von Sassun (Muş (Provinz)) zu einem Blutbad an den christlich-orthodoxen Armeniern. Diese wurden von den Kurden bedrängt und von der türkischen Regierung nicht geschützt. Als sie daraufhin Steuern verweigerten und in Istanbul demonstrierten, gingen die Behörden in der ganzen Türkei gegen sie vor: Nach amtlichen Dokumenten wurden 328 Kirchen zu Moscheen umgewandelt, 88.243 Armenier getötet und ungezählte christlich getaufte Armenier zum Übertritt zum Islam genötigt. Nur sie waren vor weiterer Verfolgung sicher.

Mit getroffen wurden schon 1895 die Aramäer, ein alte christliche Minderheit von etwa 150.000 Angehörigen im kurdischen Bergland. Viele flohen ins Ausland, etwa nach Syrien und in den Irak.

In der Folge waren die noch übrigen Christengemeinden vielfach Plünderungen ausgesetzt; bis 1896 starben weitere geschätzte 20.000 türkische Armenier an Hunger, Seuchen und Raubmorden. Bis zu 100.000 Armenierinnen sollen in muslimische Harems verschleppt worden sein.

1909 brachte eine erneute Verfolgung. Aber erst 1916 im 1. Weltkrieg wurde daraus eine systematische Deportation, die auf die Ausrottung des armenischen Volkes zielte: Die Männer – auch die, die in der türkischen Armee waren – wurden in den Ortschaften direkt getötet, die Frauen und Kinder verschleppt, wobei die meisten den Tod fanden. Dies betraf um 1,3 Millionen Menschen, von denen etwa zwei Drittel umkamen.

Die Christen, die damals aus der Türkei in den Irak fliehen konnten, wurden dort 1933 erneut verfolgt, so etwa beim Massaker von Semile. Dabei spielten nationalistische Gründe mit: Die Christen unter den Kurden hatten mit Unterstützung der Briten und Franzosen einen unabhängigen Staat angestrebt und damit den Hass der türkischen Nationalisten und der irakischen Panarabisten auf sich gezogen. Formaler Anlass war ein angebliches Vergehen gegen nichtreligiöse Staatsgesetze; ein religiöser Christenhass war jedoch gegeben. Nur etwa 30.000 aramäische Christen überlebten.

Spanien

Von Anfang an war die Zweite Spanische Republik von starkem Antiklerikalismus geprägt und dem Bemühen, den Einfluss der katholischen Kirche zu schwächen. Schon die Konstitution unterwarf die öffentliche Ausübung der Religion der staatlichen Kontrolle und schränkte die Handlungsfreiheit von Ordensgemeinschaften, denen z.B. die Betätigung im Unterricht verboten wurde, stark ein. Der Jesuitenorden wurde 1932 aufgelöst, für andere Orden wurde dasselbe gesetzlich ermöglicht. Das „Gesetz der Konfessionen und Ordenskongregation" von 1933 schränkte die Freiheit von Kirche und Orden weiter ein.

In den ersten Monaten der Zweiten Republik wurden in verschiedenen spanischen Städten Kirchen niedergebrannt, ohne dass die Regierung dagegen einschritt oder die Täter strafrechtlich verfolgte. Die Zerstörung von Kirchen wurde nach dem Wahlsieg der Volksfront 1936 verstärkt: In den ersten vier Monaten nach der Wahl wurden 170 Kirchen niedergebrannt, die vollständige Zerstörung 251 weiterer Kirchen konnte verhindert werden. Den Höhepunkt erreichte die Verfolgung nach dem Beginn des Militäraufstands im Juli 1936. Anfang 1937 beschrieb der republikanische Justizminister die Situation:

> „Die tatsächliche Situation der Kirche im ganzen loyalen Territorium außer dem Baskenland ist seit Juli des letzten Jahres die Folgende: a) Alle Altäre, Bilder und Kultgegenstände sind, abgesehen von ganz wenigen Ausnahmen, zerstört worden [...] b) Alle Kirchen sind für den Gottesdienst geschlossen, der vollständig [...] eingestellt wurde. c) Ein großer Teil der Kirchen, in Katalonien ist das der Normalfall, wurde abgebrannt. [...] e) In den Kirchen wurden Lager aller Arten, Märkte, Garagen, Säle, Kasernen, Unterkünfte [...] eingerichtet. f) Alle Konvente wurden geleert und das Ordensleben in ihnen beendet. Ihre Gebäude, Kultgegenstände und Güter aller Art wurden verbrannt, geraubt, besetzt und niedergerissen. g) Priester und Ordensleute wurden ohne Anklage festgenommen, ins Gefängnis geworfen und erschossen [...] Hunderte von Gefangenen liegen

in den Gefängnissen von Madrid, Barcelona und der anderen Großstädte einzig aufgrund der Tatsache, dass sie Priester oder Ordensleute sind. h) Inzwischen ist der Privatbesitz von Bildern und Gegenständen der religiösen Verehrung vollständig verboten. Die Polizei [...] dringt in das Innere von Wohnungen [...] ein und zerstört mit Hohn und Gewalt [...] was mit der Religion zu tun hat oder an sie erinnert."

Soweit bekannt, fielen der Verfolgung der katholischen Kirche in der zweiten Republik 13 Bischöfe, 4.184 Diözesanpriester und Seminaristen, 2.365 Ordensmänner, 283 Ordensfrauen und mehrere Tausend Laien zum Opfer.

Nationalsozialismus

→ *Hauptartikel: Kirchenkampf*

Eine systematische Christenverfolgung hat es im Dritten Reich (1933-1945) nicht gegeben. Das Parteiprogramm der NSDAP von 1925 bekannte sich zu einem „positiven Christentum"; der einschränkende Zusatz „soweit es mit dem Deutschtum vereinbar ist" wurde von Christen kaum problematisiert. Die Kirchenleitungen begrüßten anfangs die Machtergreifung Adolf Hitlers begeistert als Erlösung von der Gefahr des „Bolschewismus". Hitler garantierte ihnen in seiner Regierungserklärung den Fortbestand und bezeichnete das Christentum als eine der geistigen Grundlagen des deutschen Volkes.

Doch die NSDAP sah sich als Weltanschauungspartei mit totalitärem Machtanspruch. Alles sollte dem Dienst am „deutschen Volkstum" und an der „arischen Rasse" unterworfen werden. Das Christentum wurde zur „Nationalreligion" umgedeutet, die den „Willen zur Macht" (Friedrich Nietzsche) betonte und sich vor allem gegen das „jüdische Untermenschentum" definierte. Hitlers Antisemitismus war rassistisch begründet, knüpfte aber ausdrücklich an den christlichen Antijudaismus an, indem er 1923 in *Mein Kampf* schrieb:

„Indem ich mich des Juden erwehre, erfülle ich das Werk des Herrn."

Die eigentlichen Ziele der Nationalsozialisten formulierte Alfred Rosenberg in seinem *Mythus des 20. Jahrhunderts* 1930: Im „Blut" fand er „das göttliche Wesen des Menschen überhaupt". Die „nationale Ehre" verstand er als Anbetung dieses Wesens und machte sie damit zu einer Religion. „Gott" wurde bei ihm zur symbolischen Chiffre für das als Rasse aufgefasste kollektive Unbewusste, das im ewigen Daseinskampf nach Macht ringe. Soweit sich das Christentum der „deutschen Wiedergeburt" widersetze, sei es *Pflicht, es geistig zu überwinden, organisatorisch verkümmern zu lassen und politisch ohnmächtig zu erhalten*. Innere Eroberung und äußere Entmachtung der Kirche hingen also eng zusammen.

Der Vatikan unter Pius XI. schloss 1933 mit dem Dritten Reich ein Reichskonkordat ab und konnte so die Organisationsstruktur der katholischen Bistümer wahren. Angesehene Bischöfe wie Clemens August Graf von Galen konnten zeitweise sogar Mordaktionen wie die Aktion T4 bremsen und blieben dennoch im Amt, wenn auch unter Überwachung. Die Widerstandsgruppe Weiße Rose vertrat eine idealistisch und humanistisch geprägte Minderheit unter der katholischen Jugend Bayerns, deren Mitglieder stellvertretend für die schweigende Mehrheit zu Märtyrern wurden. Der sogenannte Kreuzkampf 1936 im katholischen Münsterland und Oldenburger Land gegen die von den Nationalsozialisten geforderte Entfernung der Kruzifixe aus Schulen und öffentlichen Räumen führte zu einzelnen Verhaftungen einiger Anführer. Am 1. August 1940 protestierten der Erzbischof von Freiburg Conrad Gröber und der Generalvikar der Diözese Rottenburg im Auftrag von Joannes Baptista Sproll, wegen des Euthanasieprogramms (der Krankenmorde) in der NS-Tötungsanstalt Grafeneck in Berlin.

Die Versuche, mithilfe der Deutschen Christen (DC) den Protestantismus gleichzuschalten, scheiterten jedoch am Widerstand einer Minderheit. Die Barmer Theologische Erklärung sprach im Juni 1934 den Gegensatz zwischen christlichem Glauben und NS-Ideologie offen aus. Die auf dieses Glaubensbekenntnis gegründete Bekennende Kirche (BK) wurde daraufhin immer stärker behindert. Die Pfarrerausbildung der BK, ihr Schriftverkehr, ihre Hilfsaktivitäten für Juden (Büro Grüber) wurden nach und nach verboten. Viele ihrer Pastoren verloren ihre Stellen; manche, die öffentlich gegen judenfeindliche Maßnahmen protestiert hatten, wurden verhaftet und in Konzentrationslager eingeliefert. Einige Hundert wurden dort ermordet oder starben an Haftfolgen.

Fast alle staatlichen Maßnahmen zur Verdrängung und Vertreibung der Juden stießen jedoch auch bei den BK-Kirchenführern anfangs auf Zustimmung. Sie kritisierten weder den Judenboykott 1933 noch die Nürnberger Rassengesetze 1935 noch die Novemberpogrome 1938, sondern erkannten in lutherischer Tradition die nationalsozialistische „Obrigkeit" als Gottes Anordnung an und widersprachen nur ihren direkten Übergriffen auf kirchliche Ordnung und Lehre. Nur wenige BK-Mitglieder wie Paul Schneider oder Dietrich Bonhoeffer leiteten aus ihrem Glauben die Pflicht zur unbedingten Solidarität mit den Juden und zum direkten Widerstand gegen den Nationalsozialismus insgesamt ab, wofür sie ermordet wurden.

Zum Kriegsbeginn 1939 rief die BK zusammen mit den DC alle Christen zu Opferbereitschaft und Hingabe für ihr Vaterland auf. Ihre Pastoren wurden zum Kriegsdienst eingezogen; ein Teil davon wurde in der Wehrmachtsseelsorge eingesetzt. Die Landeskirchen hatten bis dahin infolge des Arierparagraphen die wenigen getauften Juden aus kirchlichen Ämtern entlassen.

Eine vom NS-Regime kollektiv verfolgte christliche Minderheit waren die Zeugen Jehovas. Aufgrund ihres Biblizismus verweigerten viele von ihnen den Hitlergruß und entschieden sich nach Wiedereinführung der Wehrpflicht für die Kriegsdienstverweigerung. Daraufhin wurden sie interniert; etwa 1.200 verloren in den deutschen KZs ihr Leben (siehe dazu Zeugen Jehovas im Nationalsozialismus).

Im Kriegsverlauf verschärfte der Staat antikirchliche Maßnahmen: Feiertage wurden eingeschränkt, Taufen, Konfirmation, Trauungen, Beerdigungen durch Parteifeiern ersetzt, das Kirchenrecht im Warthegau auf ein Vereinsrecht umgestellt, kirchliche Finanzen zentral kontrolliert. Auch Christen in von Deutschland besetzten Gebieten wurden verfolgt: Allein im Konzentrationslager Dachau waren über 1.000 katholische Priester aus unter anderem Polen, Deutschland und den Niederlanden inhaftiert. Insgesamt starben knapp 2.000 polnische Geistliche in den KZs. 548 davon wurden standrechtlich erschossen. Weitere Ordensbrüder und Ordensschwestern erlagen in KZs der Inhaftierung oder den Erschießungen.

Eine gezielte Vernichtung des Christentums plante das NS-Regime offiziell nicht, wahrscheinlich aber eine reichsweite Auflösung kirchlicher Strukturen und allmähliche Ersetzung durch eine germanisch-nordische Volksreligion für die Zeit nach dem Krieg. Darauf deuten Aussagen von Heinrich Himmler und Reinhard Heydrich, deren SS-Angehörige meist zur Gruppe der „Gottgläubigen" gehörten, und das Warthegauexperiment. Hitler selbst hielt zwar nach außen hin zu Rosenberg und dem antichristlichen Parteiflügel Distanz und stellte sich als über den Konfessionen stehend dar; privat äußerte er seit Kriegsbeginn jedoch öfter seine Abneigung gegen den „jüdischen Geist" des Christentums, dessen „Entjudung" dringend notwendig sei.

Der Holocaust galt dem gesamten Judentum als Volk wie als Religion; erst seit 1945 realisierten Christen nach und nach, dass dieser Ausrottungsversuch indirekt auch ihrem Glauben gegolten hatte, der auf die Existenz des jüdischen Volkes angewiesen bleibt. Damit stellt dieser Zivilisationsbruch das ganze abendländische Christentum in seiner seit der Konstantinischen Wende herrschenden Gestalt in Frage. So sagte der überlebende Auschwitzhäftling Elie Wiesel:[15]

> „Der nachdenkliche Christ weiß, dass in Auschwitz nicht das jüdische Volk, sondern das Christentum gestorben ist."

China

Bereits 1900 während des Boxeraufstands gegen die europäischen Kolonialmächte kam es im damals noch kaiserlichen China zu einem Massaker an Christen. Deren Niederlassungen wurden zerstört und vor allem ausländische Missionare mitsamt ihren Familien ermordet. Zum Teil vollzog sich das in regelrechten Hinrichtungen.

Das Christentum galt als Religion der Europäer, deren Kultur sich die chinesische Jugend seit 1919 geöffnet hatte. Im Verlauf der nationalen Revolution (1925–1927) der Kuomintang unter Führung Chiang Kai-sheks wurden jedoch erneut zahlreiche in- wie ausländische Christen ermordet.

Unter Mao Zedong siegte in China 1949 eine Spielart des Kommunismus, der sich ähnlich wie der Stalinismus auf Bauern, Militärmacht und Zwangsindustrialisierung stützte. Der Atheismus wurde Teil der Staatsdoktrin: Alle

Religionen, besonders die westlichen, wurden unterdrückt. Im Koreakrieg unterstützte Mao das Vorgehen Nordkoreas auch gegen die Christen. In der von seinen Roten Garden getragenen Kulturrevolution kam es seit 1966 zu Zerstörungsfeldzügen gegen Moscheen, Kirchen und Kulturgüter aus der Kaiserzeit. In deren Verlauf wurden Pogrome an vermeintlichen oder echten Systemgegnern verübt, zu denen die Christen gerechnet wurden.

Ostblockstaaten

Im Zuge des Vorrückens der Roten Armee erlitten die seit Jahrhunderten christlich geprägten Völker des Baltikums 1944/45 – wie schon im russischen Bürgerkrieg 1919/20 – eine Verfolgungswelle, die Millionen Menschen traf: Sie wurden direkt getötet oder administrativ deportiert. Diese Umsiedlungspolitik unter der Herrschaft des Stalinismus kam einer Massenvernichtung gleich; sie speiste sich aus nationalrussischen, stalinistisch-ideologischen und imperialistischen Motiven.

Die Kirchen waren mitgetroffen und mitgemeint: In Estland litten die Kirchen ab 1940 unter kirchenfeindlicher Agitation des Staates, Verbot der öffentlichen Tätigkeit der Kirche und Deportationen von Geistlichen [16] . Im zum Zeitpunkt der sowjetischen Okkupation mehrheitlich katholische Litauen wurden Geistliche systematisch verfolgt[17] . Auch in Weißrussland, der Ukraine und im übrigen Ostblock ergriffen die nunmehr kommunistischen Staatsführungen nach 1945 antikirchliche und antichristliche Maßnahmen von unterschiedlicher Härte[18] . In Albanien wurden muslimische wie christliche Geistliche konsequent aus allen Ämtern entfernt und unterdrückt, so dass dieses Land sich als erster atheistischer Staat der Welt sah. Als 1967 das totale Religionsverbot erlassen wurde, steckten die Kommunisten sämtliche Priester und Ordensleute in Gefängnisse und Arbeitslager.

In Ungarn, Jugoslawien, Polen sowie der DDR versuchten die Staatsbehörden seit den 1950er Jahren das Christentum durch gesellschaftliche Benachteiligung von Kirchenmitgliedern und bekennenden Christen aus der Öffentlichkeit zu verdrängen. Erst seit den innenpolitischen Reformen unter Gorbatschow wurden diese Restriktionen allmählich gelockert.

Tschechoslowakei

Die Verfolgung speziell der Katholischen Kirche in der Tschechoslowakei wurde mit einer Fülle von Zwangs- und Gewaltmaßnahmen durchgeführt und zählt nach den Albanien zu den schwersten Christenverfolgungen der kommunistischen Ära im europäischen Raum. Priester, Bischöfe und Ordensleute wurden interniert und mussten Zwangsarbeit leisten. Hinzu kamen Seelsorgeverbote. Bischofs- und Priesterweihen wurden unter diesem Druck vielfach geheim vorgenommen und die Amtsträger wurden vielfach daran gehindert, ihr Amt auszuüben. Eltern, die ihre Kinder zum Religionsunterricht schickten, mussten mit dem Verlust des Arbeitsplatzes rechnen.

Sowjetunion

Die Kirche war in Russland sehr eng mit dem Zarismus verbunden. Mit der Oktoberrevolution trat ein grundlegender Paradigmenwechsel ein: Die alten Mächte von Klerus, Feudaladel und Staat wurden entmachtet. Hinzu kam die Religionskritik des Marxismus, die jede Religion als zum „Absterben" prädestinierten Stützpfeiler der Klassengesellschaft ansah.

Das orthodoxe Christentum war davon primär betroffen. Die Bolschewiki trennten rigoros Staat und Kirche, schafften alle konfessionellen Vorrechte ab, verboten den Religionsunterricht an Schulen, lösten die Klöster und Parochien auf. Entgegen der Theorie warteten sie dann aber nicht, bis die Religion mit der Veränderung der sozialen Verhältnisse von selbst verschwand, sondern ergriffen schon im Verlauf des russischen Bürgerkriegs (1917–1920) Maßnahmen, denen zahlreiche Priester zum Opfer fielen: Diese erhielten als „Nichtarbeiter" keine Lebensmittelkarten oder wurden als „Konterrevolutionäre" ohne Verfahren getötet oder verbannt, was einem Todesurteil gleichkam.

Diese Verfolgung ergab sich oft spontan vor Ort ohne zentrale Direktive. Doch ab 1920 erklärte die Partei außerdem alle Bischofstätigkeiten für illegal: Nur die Pfarreien blieben bestehen. Zeitweise wurden sogar Sekten, Freikirchen und die sowjetfreundliche „lebendige Kirche“ staatlich gefördert, um die orthodoxe Kirche zu zerstören. Diese Abspaltung konnte sich trotzdem nicht lange halten.

1922 wurden die Kirchenschätze landesweit beschlagnahmt. Ein Teil des orthodoxen Klerus wehrte sich dagegen. Exilrussen forderten 1921 in Karlowitz und 1922 in Genua die Wiederherstellung der Monarchie in Russland und drängten die Europäer zu einem Kreuzzug gegen die Bolschewiki. Darauf reagierten diese mit einem Beschluss, die Massen aktiv umzuerziehen, um ihr religiöses Bewusstsein zu ersetzen.

1927 erzwang Josef Stalin die Zusammenlegung bis dahin selbstständiger Bauern in Kolchosen: Dies sollte besonders die traditionell christlichen Kulaken treffen. In den folgenden Jahren wurden tausende Kirchen geschlossen, der Sonntag als Feiertag abgeschafft und viele einfache Bauern und ihre Dorfgeistlichen ermordet.

Zehn Jahre darauf ergab eine verordnete Volkszählung, dass sich immer noch ein hoher Anteil der Russen zum Christentum bekannte. Bis 1939 intensivierte der Staat daraufhin seine Umerziehungs-, Enteignungs- und Vernichtungsschritte. Wie viele Kleriker, Ordensleute und Laien diesen politischen Säuberungen zum Opfer fielen, ist unbekannt, da die Behörden Geistliche nicht von Regimegegnern unterschieden. Die orthodoxe Kirche gibt an, dass zwischen 1917 und 1940 allein 120.000 Priester, Mönche, Nonnen und kirchliche Mitarbeiter verhaftet wurden; davon wurden 96.000 erschossen. Ende der dreißiger Jahre war weniger als ein Dutzend Kirchen noch offiziell geöffnet.

Erst der Überfall des nationalsozialistischen Deutschland 1941 änderte diese Linie. Nun versuchte Stalin, den russischen Patriotismus für den Abwehrkrieg zu mobilisieren und ging daher zu einer Duldung der Orthodoxie über: 1943 wurde das gesamtrussische Patriarchat wiederhergestellt, sogar Klöster durften neu errichtet werden. Andere kleinere Kirchen wurden weiterhin verfolgt.

Nach dem 2. Weltkrieg belief sich die Zahl der russisch-orthodoxen Priester und Diakone auf rund 52.000; 1914 hatte sie noch über 203.000 betragen. Ein Teil des traditionell der Obrigkeit verpflichteten russischen Patriarchats suchte sich nun stärker mit den Machthabern zu arrangieren.

Seit etwa 1970 arbeitete das Politbüro wieder mehr mit der orthodoxen Kirche zusammen, die sich unter russisch-nationalen Vorzeichen analog zur KPdSU bemühte, alle orthodoxen Christen der Welt unter ihrer Führung zu einen.

DDR

→ *Hauptartikel: Christen und Kirche in der DDR*

1953 wurden in der DDR viele junge Christen von den Oberschulen relegiert, die Junge Gemeinde und die Studentengemeinden öffentlich als staatsfeindliche Organisationen bezeichnet und geheimdienstlich beobachtet. Bei halblegalen Kirchenversammlungen wurden junge Christen und Pazifisten in Einzelfällen auch inhaftiert. Mit der staatlichen „Jugendweihe“ versuchte die SED eine Alternative zur Konfirmation und Kommunion anzubieten, um die Kirchen allmählich auszutrocknen. Die Bindung der ostdeutschen Landeskirchen an die EKD im Westen wurde organisatorisch erschwert.

Als „Kirche im Sozialismus“ sah sich ein Teil der ostdeutschen Landeskirchenleitungen und Pfarrerschaft. Dieser warfen andere Christen der DDR Opportunismus gegenüber dem atheistischen Staat und die Aufgabe christlicher Grundwerte vor. Im Verlauf der Friedensbewegung der 1980er Jahre wurden die Kirchen jedoch ein Sammelbecken und Sprachrohr für oppositionelle Strömungen, die trotz intensiver staatlicher Überwachung die Wende von 1989 mit vorbereiten konnten.

Gegenwart

Das Christentum ist in der Gegenwart als größte Weltreligion auch die Religion, die am häufigsten verfolgt wird. 80 Prozent der Menschen, die wegen ihres Glaubens verfolgt werden, sind Christen.[19] [20]

Das christliche überkonfessionelle Hilfswerk Open Doors gibt an, dass weltweit etwa 100 Millionen Christen in über 50 Ländern wegen ihres Glaubens von Misshandlungen, Gefängnis oder Tod bedroht seien bzw. benachteiligt und diskriminiert werden. Open Doors gibt auch einen jährlichen Weltverfolgungsindex heraus, der für jedes Land das Maß der Christenverfolgung abschätzt und einen Trend angibt. Danach sei seit acht Jahren in Folge Nordkorea zur Zeit das Land mit der stärksten Christenverfolgung, gefolgt von Iran, Saudi-Arabien und Somalia (Stand Januar 2010).[21]

In dem Jahrbuch zur Christenverfolgung „Märtyrer 2006" schreibt der Geschäftsführer des Arbeitskreises für Religionsfreiheit der Deutschen und der Österreichischen Evangelischen Allianz, der Theologe Thomas Schirrmacher, dass der Anteil der Christen bei der Ermordung von Menschen wegen ihrer Religionszugehörigkeit bei weit über 90 Prozent liegen dürfte. Die von der Evangelischen Nachrichtenagentur *idea* in Wetzlar herausgegebene Dokumentation ist zum weltweiten Gebetstag für die verfolgten Christen am 12. November 2006 erschienen.[22]

Islamische Welt

Fast alle islamisch geprägten Staaten haben im Laufe ihrer Geschichte seit 1948 Menschenrechtserklärungen unterzeichnet oder eigene verfasst. Im Unterschied zu den westlichen, humanistisch geprägten Erklärungen bildet in vielen islamischen Ländern jedoch die für Muslime gottgegebene Scharia das Fundament der Menschenrechte, so in der Kairoer Erklärung der Menschenrechte von 1990. Die Bindung von Menschenrechten an ausschließlich muslimische Glaubensvorstellungen bringt es jedoch mit sich, dass es einen allgemeinen Rechtsschutz für alle Menschen in den meisten islamischen Ländern nicht gibt.

Die Länder, in denen Christen am schärfsten in ihrer Religionsausübung behindert werden, sind mehrheitlich Staaten, in denen der Islam die Religion der Mehrheitsbevölkerung ist. In Ländern wie Saudi-Arabien, Iran, Somalia, den Malediven, Jemen und Afghanistan ist der Islam Staatsreligion.[23] Die Türkei, die sich als laizistischer Staat versteht, erkennt Christengemeinden nicht als Körperschaft öffentlichen Rechts an und verbietet ihnen die Rechte einer Vereinigung (Besitz von Bankkonten oder Immobilien) und die Ausbildung von Priestern. Die vor allem orthodoxen und katholischen Christen in der Türkei leben mit regelmäßigen, auch körperlichen, Angriffen.[24]

2006 gab es anlässlich des so genannten Karikaturenstreites und des, ausführliche Diskussionen auslösenden Regensburger Zitats von Benedikt XVI. zudem in Pakistan und den Palästinensergebieten vor allem Übergriffe auf Einrichtungen westlicher Länder sowie einzelne Übergriffe auf Kirchen und Christen.

Ägypten

In Ägypten sind die christlichen Kopten zwar offiziell akzeptiert, in der Praxis jedoch oft Angriffen aus der Bevölkerung ausgesetzt, gegen die sie beim Staat kaum Schutz finden und die vom Staat auch kaum bestraft werden. Die Konversion von Muslimen zum Christentum wird durch rechtliche Hürden und Schikanen der Behörden beim Eintrag der Religion in die Personalpapiere erschwert. Der Fall Mohammed Hegazy ist ein bekanntes Beispiel dieser Praxis.

Afghanistan

In Afghanistan kann der Übertritt vom Islam zum Christentum mit der Todesstrafe bestraft werden. Das dort geltende Recht ist allerdings nicht eindeutig. Eine Klage gegen Abdul Rahman wurde wegen Formfehlern abgewiesen.

Irak

Im Irak gibt es seit Jahren gezielten Terror gegen Christen, sowohl in Bagdad als auch in Mossul, den Tilman Zülch von der Gesellschaft für bedrohte Völker als „größte Christenvertreibung der Gegenwart" bezeichnet.[25] Seit 2003 haben nach der SonntagsZeitung die Hälfte der 1,3 Millionen Christen im Irak das Land verlassen, nach CNN sogar eine Million.[26] [27] Im Januar 2008 wurden Bomben in Kirchen und christlichen Einrichtungen gelegt.[28] Der chaldäische Erzbischof von Mossul, Paulos Faraj Rahho, starb im März 2008 in der Gefangenschaft von Entführern, weitere christliche Geistliche wurden entführt und ermordet. Ende September 2008 kam es in Mossul zu einer neuen Welle von Angriffen, wobei innerhalb von zwei Wochen mindestens 14 Christen getötet wurden und Zehntausende die Flucht ergriffen.[27]

Iran

Im Iran steht auf den Übertritt vom Islam zum Christentum die Todesstrafe. Das iranische Parlament verabschiedete am 9. September 2008 ein Gesetz, das zwingend die Todesstrafe für Apostasie vorsieht. Das Gesetz wurde mit 196 Ja-Stimmen, sieben Gegenstimmungen und zwei Enthaltungen angenommen. Zwei iranische Christen, Mahmood Matin Azad (52) und Arash Basirat(44) sind wegen Apostasie angeklagt und befinden sich seit August 2008 in Haft.[29]

Malediven

Auf den Malediven unterzeichnete am 7. August 2008 Präsident Mohammed Abdul Gayoom eine neue Verfassung, die in Artikel 9, Absatz d) Personen, welche nicht muslimisch sind, die Aufnahme als neue Staatsbürger verwehrt. Dies gilt jedoch nicht für Personen, die auf den Malediven geboren wurden und deren Eltern bereits Staatsbürger sind, unabhängig von ihrer Religion.[30]

Pakistan

Als einen Grund für die gegenwärtige Verschärfung des Konflikts für die christliche Minderheit in Pakistan nannte der Vorsitzende der pakistanischen Bischofskonferenz die Besetzung Iraks durch die Amerikaner und den vom damaligen US-Präsidenten Bush ausgerufenen „Krieg gegen den Terror". Noch vor wenigen Jahren habe die katholische Kirche im Land aufgrund ihrer Arbeit im Bildungs- und Gesundheitswesen großes Ansehen genossen. In den Augen der Muslime, die von Islamisten zusätzlich aufgeputscht würden, gehörten die christlichen Pakistani dem „westlichen Glauben" an und würden nun pauschal verurteilt und drangsaliert."[4]

Türkei

In der Türkei sind Christen und Kirchen seit langem vielfältigen Diskriminierungen juristischer und anderer Art ausgesetzt. So haben christliche Kirchen keine eigene Rechtspersönlichkeit, kirchliche Bauvorhaben sind einem extrem komplizierten und langwierigen Genehmigungsverfahren unterworfen. Die Kirchen dürfen keine Geistlichen ausbilden. Renovierungsvorhaben müssen durch das Außenministerium genehmigt werden. Fehlender geistlicher Nachwuchs trocknet seither die Reste christlichen Lebens in der Türkei langsam aus. Die Kirchen in der Türkei überaltern. In jüngster Zeit mehren sich gezielte Anschläge auf katholische Priester.

Das Pogrom von Istanbul in der Nacht vom 6. auf den 7. September 1955 setzte dem christlich-griechischen Leben in der Türkei ein weitgehendes Ende. Nach Gewaltexzessen des Istanbuler Mobs, mit aller Wahrscheinlichkeit unterstützt durch die türkische Regierung, flohen über 100.000 christliche Griechen aus dem Land. Von 110.000 Griechen im Jahre 1923 ist ihre Zahl in der Türkei heute auf 2.500 gesunken.

1997 erließ der Gouverneur von Mardin ein Verbot gegen die Klöster Zafaran und Mor Gabriel, ausländische Gäste zu beherbergen und Religions- sowie muttersprachlichen Unterricht zu erteilen. Internationale Proteste bewirkten, dass wenigstens das Beherbergungsverbot wieder aufgehoben wurde. Sprachunterricht in aramäisch bleibt aber weiterhin untersagt.[31]

Anfang Februar 2006 wurde in der Stadt Trabzon am Schwarzen Meer der 68-jährige katholische Priester Andrea Santoro von einem 16-jährigen muslimischen Oberschüler erschossen, der sich so für die Veröffentlichung der Mohammed-Karikaturen in Dänemark rächen wollte. Der Priester war jedoch von Bewohnern der Stadt schon im Vorfeld mit Gewalt bedroht worden. Im März 2006 kam es zu zwei gewalttätigen Übergriffen auf die 700 Katholiken zählende Gemeinde von Mersin. Dabei kam es zu Verwüstungen der Gemeinderäume und einer Messerattacke auf den Kapuzinerpater Hanri Leylek.[32] In der ersten Jahreshälfte von 2006 wurden bereits zwei Priester durch Messerangriffe verletzt und ein Dritter, Andrea Santoro, in seiner Kirche erschossen.

Im Januar 2007 wurde das prominenteste Sprachrohr der Armenier, der Journalist Hrant Dink, ein Christ, ermordet. Der Mörder wurde auf Fotos und einem Video nach der Verhaftung von einigen Polizisten vor der türkischen Fahne gefeiert. Der Attentäter hatte sich damit gebrüstet, einen Ungläubigen getötet zu haben, der die Türkei beleidigt hätte.

Am 18. April 2007 ermordeten fünf junge türkische Männer in der osttürkischen Stadt Malatya die drei Christen Necati Aydin, Ugur Yüksel und Tilmann Geske, indem sie ihnen die Kehlen durchschnitten und sie verbluten ließen. Necati Aydin und Ugur Yüksel waren vom Islam zum christlichen Glauben konvertierte Mitarbeiter des christlichen Verlagshauses Zirve, Tilmann Geske ein in der Türkei wohnhafter deutscher Christ. Als Motivation für ihre Tat gaben die jungen Männer an, die Stadt vom christlichen "Missionarswesen" reinigen zu wollen.

Im Februar 2008 ist die Türkei bei ihrer Offensive gegen die PKK auf irakischem Gebiet gegen christliche Dörfer vorgegangen, in denen es nie militärische Einrichtungen gegeben hat. Dabei handelt es sich um Dörfer, die erst nach dem Sturz der Saddam-Regimes von christlichen Flüchtlingen aus allen Teilen des Irak wieder besiedelt wurden. Nach Informationen des chaldäischen Bischofs von Ahmadia und Hewler wurden die Dörfer von mehreren Flugzeugen bombardiert.[33]

Indien

In Indien[34] gab es seit 1998 über 1.000 gewaltsame Angriffe auf Christen seitens militanter Hindus, die die Zerstörung von Kirchen, Bibelverbrennungen und Vergewaltigung von Nonnen einschlossen, sowie die Ermordung eines australischen Missionars mit seinen beiden Söhnen. Teile des Landes erließen ein Gesetz, das die „Verwendung von alkoholischen Getränken bei religiösen Zeremonien“ unter Strafe stellt. In der zweiten Jahreshälfte 2008 wurden in und um Orissa „knapp 60 Christen getötet, darunter auch sieben Kleriker“, rund 50.000 Christen sind vertrieben worden.[35]

Siehe auch

- Religionsfreiheit
- Christenverfolgungen im Römischen Reich

Einzelbelege

[1] Bundestagsdrucksache 16/3608 (Antrag) vom 29. November 2006 (pdf) (http://dip21.bundestag.de/dip21/btd/16/036/1603608.pdf); DiePresse.com: *Christentum meistverfolgte Religion weltweit* (22. Dezember 2008) (http://diepresse.com/home/politik/aussenpolitik/439609/index.do)

[2] Amnesty International: *Persecution of Christians* (http://www.amnesty.org/en/ai_search?page=1&keywords=Persecution+of+Christians)

[3] Welt Online: *Christen sind am häufigsten Opfer von Verfolgung* (19. April 2007) (http://www.welt.de/politik/deutschland/article820951/Christen_sind_am_haeufigsten_Opfer_von_Verfolgung.html)

[4] Welt Online: *2008 – Das Jahr der globalen Christenverfolgung*, (25. Dezember 2008) (http://www.welt.de/politik/article2911903/2008-Das-Jahr-der-globalen-Christenverfolgung.html)

[5] Thomas Roser: „Christenverfolgung" (http://www.bibelportal.de/index.php?option=com_content&task=view&id=91&Itemid=43)

[6] Krista Zach, Joachim Bahlcke, Konrad G. Gündisch: *Konfessionelle Pluralität, Stände und Nation: Ausgewählte Abhandlungen zur südosteuropäischen Religions- und Gesellschaftsgeschichte*, LIT Verlag, Berlin-Hamburg-Münster 2004, ISBN 3-8258-7040-5, S. 275

[7] Artikel ..., in: Theologische Realenzyklopädie, Walter de Gruyter, 1993, ISBN 3-11-013898-0, ISBN 978-3-11-013898-6, Studienausgabe Teil I, S. 38

[8] [[Open Doors (http://www.opendoors-de.org/verfolgung/weltverfolgungsindex/index/)]: *Hintergrund zum Weltverfolgungsindex* (2010)], gesehen am 10. Februar 2010

[9] Emir Fethi Caner, Ergun Mehmet Caner: *Das Islam-handbuch: Antworten auf die wichtigsten Fragen aus christlicher Sicht*, R. Brockhaus Verlag, Wuppertal 2004, ISBN 3-417-24874-4, S. 230 f.

[10] Vgl. etwa den Eintrag (http://www.iranica.com/newsite/articles/v1f4/v1f4a116.html) in der Encyclopedia Iranica.

[11] Francis E. Peters: *Islam, a Guide for Jews and Christians*. Princeton University Press, 2003. S. 195

[12] Adel Th. Khoury: *Toleranz und Religionsfreiheit im Islam*. Bachem, 1995. S. 5

[13] *The Encyclopaedia of Islam*. New Edition. Brill, Leiden. Bd. 7, S. 635

[14] Yohanan Friedmann: *Tolerance and Coercion in Islam. Interfaith Relations in the Muslim Tradition*. Cambridge University Press, 2003. S. 121

[15] zitiert nach Rolf Rendtorff: *Ist in Auschwitz das Christentum gestorben?* (http://www.jcrelations.net/de/?item=893)

[16] Hartmut Lehmann, Jens Holger Schjørring: Im Räderwerk des "real existierenden Sozialismus": Kirchen in Ostmittel- und Osteuropa von Stalin bis Gorbatschow; Göttingen, 2003; S.65f

[17] Hartmut Lehmann, Jens Holger Schjørring: Im Räderwerk des "real existierenden Sozialismus": Kirchen in Ostmittel- und Osteuropa von Stalin bis Gorbatschow; Göttingen, 2003; S.75f

[18] Hartmut Lehmann, Jens Holger Schjørring: Im Räderwerk des "real existierenden Sozialismus": Kirchen in Ostmittel- und Osteuropa von Stalin bis Gorbatschow; Göttingen, 2003

[19] Sonja Pohlmann: *Menschenrechte: „Wir nehmen unseren Glauben nicht ernst genug"* (http://www.spiegel.de/politik/deutschland/0,1518,442891,00.html), Spiegel.de, 16. Oktober 2006.

[20] Jürgen Krönig: *Stille Unterdrückung* (http://www.zeit.de/online/2007/24/christen), ZEIT online, 11. Juni 2007.

[21] Open Doors Weltverfolgungsindex 2010 (http://www.opendoors-de.org/verfolgung/weltverfolgungsindex/), gesehen am 10. Februar 2010

[22] IDEA: *Über 90 Prozent aller Märtyrer sind Christen* (http://www.kath.net/detail.php?id=15125), kath.net, 5. November 2006.

[23] Kath.net: In sechs der schärfsten Christenverfolgerstaaten gilt der Islam (http://www.kath.net/detail.php?id=15942). 10. Februar 2007.

[24] Der Spiegel: Christen in der Türkei: Hass auf die kleine Herde (http://www.spiegel.de/politik/ausland/0,1518,478091,00.html), Anna Reimann und Yassin Musharbash, 19. April 2007.

[25] Pressemitteilung GfbV: Vorwürfe gegen Kirchenrat, 6. Juni 2007, gesehen 19. Juli 2009 (http://www.gfbv.de/pressemit.php?id=948&stayInsideTree=1&PHPSESSID=f03065738dc382782c48b669ab68e741)

[26] SonntagsZeitung: „Christen kämpfen ums Überleben", 19. Juli 2009

[27] CNN: *Attacks on Christians in Iraq leave 3 dead* 26. April 2009 gesehen 19. Juli 2009 (http://www.cnn.com/2009/WORLD/meast/04/26/iraq.christian.attacks/index.html)

[28] AsiaNews: *Mosul, the relentless slaughter of Iraqi Christians*, 5. Oktober 2008, gesehen 19. Juli 2009 (http://www.asianews.it/index.php?l=en&art=13397&size=A)

[29] http://www.islaminstitut.de/Nachrichtenanzeige.55+M5bd8282e870.0.html

[30] http://www.presidencymaldives.gov.mv/publications/constitution.pdf

[31] Internationale Gesellschaft für Menschenrechte: Christen in der Türkei (http://www.igfm.de/index.php?id=120), (undatiert).

[32] Kirche in Not: Anschlag auf einen Priester: Christen in der Türkei haben Angst (http://www.kirche-in-not.de/01_aktuelles/meldungen_2006_tuerkei_christen_in_angst.php), 5. Juli 2006.

[33] Radio Vatikan: Irak: Türkisches Militär bombardiert christliche Dörfer (http://www.oecumene.radiovaticana.org/ted/Articolo.asp?c=189360), 27. Februar 2008.

[34] Gesellschaft für bedrohte Völker *Memorandum: Christenverfolgung in Indien Ureinwohnern droht Zwangsbekehrung zum Hinduismus* (http://www.gfbv.ch/pdf/02-99-013.pdf), 1999, gesehen 15. Oktober 2008.

[35] Kathnews vom 12. Oktober 2008: *Papst betet für verfolgte Christen - Benedikt XVI. blickt mit Besorgnis auf den Irak und Indien.*, gesehen 15. Oktober 2008.

Literatur

- Joachim Feyerabend: *Wenn es lebensgefährlich ist, Christ zu sein. Kampf der Religionen und Kulturen*, Olzog Verlag, München 2010, ISBN 978-3-7892-8355-0
- Reinhard Backes: *Sie werden euch hassen. Christenverfolgung heute*. Sankt Ulrich, Augsburg 2005, ISBN 978-3-936484-58-8
- Max Klingberg,Thomas Schirrmacher und Ron Kubsch (Hrsg.): *Märtyrer 2006. Das Jahrbuch zur Christenverfolgung heute: Idea-Dokumentation 9/2006*. Verlag f. Kultur u. Wissenschaft (VKW), Bonn 2006, ISBN 978-3-938116-21-0
- Max Klingberg: *Märtyrer heute: eine Dokumentation zur weltweiten Diskriminierung und Verfolgung von Christen*. Schulte und Gerth, 2000, ISBN 3-89437-684-8, ISBN 978-3-89437-684-0
- Deutscher Bundestag – Literaturtipp: Zur Lage der christlichen Minderheiten weltweit (http://www.bundestag.de/wissen/bibliothek/akt_lit/littipps/geschichte/littippchristen.pdf) (pdf; Stand: 21. Mai 2007; 118 kB)
- Horst Balz, Gerhard Krause, Gerhard Müller, Siegfried M. Schwertner, Sven S Hartman, Horst Robert Balz, Gustaf Wingren: „Theologische Realenzyklopädie", Walter de Gruyter, 1976, ISBN 3-11-008563-1, ISBN 978-3-11-008563-1, Stichwort Christenverfolgungen S. 23 ff.

Weblinks

zu aktuellen Christenverfolgungen:

- Organisationen:
  - Open Doors - überkonfessionelle Hilfsorganisation für aktuell verfolgte Christen weltweit (http://www.opendoors-de.org)
  - Christian Solidarity International - überkonfessionelle Menschenrechtsorganisation (http://www.csi-de.de/)
  - Kirche in Not - Weltweit tätiges Hilfswerk für verfolgte und bedrängte Christen
  - *Annual Report on International Religious Freedom* (2006) des US-Außenministeriums (englisch) (http://www.state.gov/g/drl/rls/irf/2006/index.htm)
  - Compass Direct - News of Christians worldwide who are persecuted for their faith (englisch) (http://www.compassdirect.org/en/index.php)
  - Arbeitskreis Religionsfreiheit der Evangelischen Allianz (http://www.ead.de/akref/)
  - Initiative "Solidarität mit verfolgten und bedrängten Christen in unserer Zeit" der Deutschen Bischofskonferenz (http://www.dbk.de/initiativen/solidaritaet/home/index.html)
- Presseberichte:
  - SWR-Report vom 10. April 2006: Bedrohung von Konvertiten in Deutschland (http://www.swr.de/report/archiv/sendungen/060410/03/frames.html)
  - Die Tagespost zum *Jahresbericht 2004 des US-Außenministeriums zu Religionsfreiheit* (http://www.die-tagespost.de/Archiv/titel_anzeige.asp?ID=11146)
  - "Christenverfolgung - Hinrichtung im Namen des Propheten" (http://www.welt.de/politik/article1203671/Hinrichtung_im_Namen_des_Propheten.html) - Artikel in Die Welt online vom 21. September 2007
  - Christenverfolgung 2009 - eine Bilanz (http://www.kirche-in-not.de/aktuelle-meldungen/2009/12-07-christenverfolgung-2009-bilanz-interview-berthold-pelster) Interview mit Berthold Pelster, dem Menschenrechtsexperten des katholischen Hilfswerks KIRCHE IN NOT

zu historischen Christenverfolgungen:

- Aufsatz über die Christenverfolgungen im Römischen Reich auf basiswissen-christentum.de (http://www.basiswissen-christentum.de/de/themen/christenverfolgung.html)
- Kirchenverfolgung in der Sowjetunion (http://orthpedia.de/index.php/Kirchenverfolgung_in_der_Sowjetunion)

Terroranschlag am 1. Januar 2011 in Alexandria

Bei dem **Terroranschlag am 1. Januar 2011 in Alexandria** handelt es sich um einen Terroranschlag vor der Al-Qiddissine-Kirche in Alexandria, Ägypten, welcher um 00:20 Uhr Ortszeit stattfand. Beim Anschlag starben mindestens 23 Personen und weitere 97 Personen wurden verletzt.

Verlauf

Gegen 00:20 Uhr Ortszeit kam es vor der Al-Qiddissine-Kirche in Alexandria zu einer Explosion einer Autobombe, die ca. 100 Kilogramm Sprengstoff enthielt, als etwa 1000 Anhänger der christlichen Minderheit der Kopten den Neujahrsgottesdienst verließen.[1] Unmittelbar nach der Explosion wurden 21 Personen getötet und weitere 97 Personen wurden verletzt, darunter mindestens acht Muslime. Zudem wurde eine benachbarte Moschee teilweise beschädigt. Am 4. Januar starben weitere zwei Personen durch Verletzungen, die sie beim Anschlag erlitten hatten. So beläuft sich die Anzahl der Toten neu auf 23 Personen.[2]

Täter

Ägyptische Behördenangaben zufolge handelte es sich mit hoher Wahrscheinlichkeit um ein Selbstmordattentat. [3] Jedoch erklärte ein Sprengstoffexperte der Polizei kurz nach dem Attentat, dass die Explosion wohl nicht von einem *Selbstmordattentäter* verübt worden sei. Die Bombe sei vor der Kirche in einem grünen Auto versteckt gewesen, das von mehreren Augenzeugen beschrieben worden sei. In Augenzeugenberichten taucht auch immer wieder ein Mann auf, der kurz vor der Explosion neben dem Wagen stand und mit dem Handy telefonierte.[4] Am 4. Januar gaben Sicherheitskreise in Kairo bekannt, dass man den Kopf eines *asiatisch aussehenden* Mannes gefunden habe, bei dem es sich höchstwahrscheinlich um den Attentäter handele.[5]

Folgen

Unmittelbar nach dem Terroranschlag kam es zu Übergriffen zwischen anwesenden Kopten und Muslimen. Anschließend trieb die Polizei mit Tränengas die Menge auseinander. Zudem wurde eine benachbarte Moschee von anwesenden Kopten angegriffen. Am Nachmittag des 1. Januar versammelten sich erneut zahlreiche Kopten, die Sicherheitskräfte mit Flaschen und Steinen bewarfen.[6] Auch in den folgenden Tagen versammelten sich immer wieder Tausende Kopten und Muslime zu gemeinsamen Demonstrationen gegen den Terrorismus. Der Gouverneur von Alexandria, Adel Labib, vermutete Qaidat al-Dschihad fi Bilad ar-Rafidain, den irakischen Ableger der Terrororganisation al-Qaida, hinter dem Anschlag[7] . Dieser hatte über eine Terroristen-Webseite im Vorfeld den koptischen Christen mit Anschlägen auf ihre Kirchen während dem koptischen Weihnachtsfest (7. Januar) gedroht. Auf einer Liste mit anzugreifenden Zielen befand sich auch die Kirche in Alexandria.[8] Zudem wurde 2010 ein Anschlag auf die Sayidat-al-Nejat-Kathedrale in Bagdad durchgeführt, bei der ebenfalls der irakische al-Qaida-Ableger als Urheber unter Verdacht steht.

Reaktionen

Ägyptens Staatspräsident Hosni Mubarak verurteilte den Anschlag in einer ersten Reaktion und rief Christen wie Muslime zur Geschlossenheit im „gemeinsamen Kampf gegen den Terrorismus" auf. Er äußerte zugleich die Vermutung, dass „ausländische Kräfte" für den Anschlag verantwortlich seien.[9]

Papst Benedikt XVI. erneuerte bei seiner Neujahrsmesse im Petersdom seine insbesondere nach vielen weltweiten Anschlägen auf Christen 2010 wiederholt vorgebrachte Forderung an die Regierungen von Ländern mit christlichen Minderheiten, diese besser vor religiös motivierten Gewalttaten zu schützen.[10]

Der koptische Erzbischof Arweis warf der Regierung vor, die koptische Minderheit nicht ausreichend geschützt zu haben, da trotz der gezielten Bedrohung durch al Qaida gegen die angegriffene Kirche und der Tatsache, dass sich zum Zeitpunkt des Anschlags über 1000 Menschen in der Kirche befanden, nur drei Soldaten und ein Polizist zum Schutz der Kopten vor Ort waren.[11]

Die Europäische Union verurteilte den Anschlag scharf und mahnte, das Recht der Christen auf Religionsfreiheit in Ägypten müsse geschützt werden.[12]

Der Koordinationsrat der Muslime in Deutschland nahm zum Anschlag folgende Stellung: *Wir verurteilen diesen schrecklichen und unmenschlichen Anschlag auf das Schärfste. Wer Menschen so hinterhältig und grausam Schaden zufügt und ermordet, kann sich auf keine Religion oder eine andere Weltanschauung berufen.* Weiter sagte der Sprecher Erol Pürlü laut einer in Köln veröffentlichten Mitteilung: *Der Koran fordere den Schutz des Lebens und den Schutz von Gotteshäusern.*[13]

In den Niederlanden boten Muslime Solidarität und Schutz durch Bewachung für die koptischen Kirchen in Amsterdam, Eindhoven und Utrecht an. *„Die koptischen Christen, wir selbst und alle Niederländer haben einen gemeinsamen Feind: den Terrorismus"*, erklärten drei muslimische Verbände.[14]

Unterdessen gingen die Proteste der Christen weiter. An Demonstrationszügen beteiligten sich auch viele Muslime. So auch an der islamischen Al-Azhar-Universität in Kairo, wo Muslime riefen: *„Ich bin Muslim, und ich lehne dies ab"* sowie *„Wir sagen nein, zu denjenigen, die Ägypten in Brand setzen wollen"*.[5]

Hintergründe

Siehe auch: Christentum in Ägypten

Die den ägyptischen Kopten nahestehende Mary Abdelmassih sieht in der behördlichen Deutung von einem Selbstmordattentäter als Einzeltäter den Versuch des ägyptischen Innenministers, von seinem eigenen Versagen abzulenken und womöglich auch zu verschleiern, daß Sympathisanten und evtl. auch die Täter aus der näheren Umgebung stammen. Als Grund für diese Vermutung nennt sie, daß es einen Tag vor dem Attentat, d.h. am 31. Dezember, in Alexandria eine gegen die Koptische Kirche und deren Papst Shenouda III. gerichtete Demonstration salafistischer Muslime gegeben habe, die sich für die "Freilassung" der beiden Priesterfrauen Wafaa Constatine und Camilia Shehata eingesetzt hätte. Al-Qaida nahestehende Gruppen behaupten, daß diese beiden Frauen zum Islam konvertiert seien, daß sie gegen ihren Willen von der Koptischen Kirche in Klöstern festgehalten würden und leiten daraus dann ein "Recht" zum Angriff auf koptische Gottesdienste ab[15].

In Ägypten kommt es immer wieder zu Angriffen auf die Minderheit der Kopten. So wurden unter anderem während des koptischen Weihnachtsfestes ein Jahr zuvor acht Kopten und ein muslimischer Polizist vor einer Kirche in Nag Hammadi erschossen.[16]

Einzelnachweise

[1] tagesschau.de am 01.01.2011 in: *Der Attentäter wartete vor der Kirche* (http://www.tagesschau.de/ausland/kairoanschlag102.html)
[2] spiegel.de am 04.01.2011 in: *Polizei findet Kopf von mutmaßlichem Attentäter* (http://www.spiegel.de/politik/ausland/0,1518,737779,00.html)
[3] abendblatt.de am 01.01.2011 in: *22 Tote bei Selbstmordattentat in Alexandria* (http://www.abendblatt.de/vermischtes/article1744215/22-Tote-bei-Selbstmordattentat-in-Alexandria.html)
[4] Islamische Zeitung am 04.01.2011 in: *Polizei in Ägypten findet keinen Selbstmordattentäter* (http://www.islamische-zeitung.de/?id=14184)
[5] tageblatt.lu am 04.01.2011 in: *Attentäter von Alexandria identifiziert* (http://www.tageblatt.lu/nachrichten/story/21296808)
[6] welt.de am 01.01.2011 in: *Ägypten: Ausschreitungen nach Anschlag auf christliche Kirche* (http://www.welt.de/politik/ausland/article11923441/Ausschreitungen-nach-Anschlag-auf-christliche-Kirche.html)
[7] guardian.co.uk am 01.01.2011 in: *Egypt bomb kills new year churchgoers* (http://www.guardian.co.uk/world/2011/jan/01/egypt-bomb-kills-new-year-churchgoers)
[8] yahoo.com am 01.01.2011 in: *Suspected suicide bomber kills 21 at Egypt church* (http://news.yahoo.com/s/nm/20110101/wl_nm/us_egypt_church_blast)
[9] *Mubarak blames 'foreign hands' for church bomb* (http://www.cbc.ca/world/story/2011/01/01/egypt-church-bombing.html?ref=rss), CBC News vom 1. Januar 2011
[10] Papst fordert mehr Schutz für Christen (http://www.tagesschau.de/ausland/papst1008.html), tagesschau.de vom 1. Januar 2011
[11] bbc.co.uk am 01.01.2011 in: *Suspected suicide bomber kills 21 at Egypt church* (http://www.bbc.co.uk/news/world-middle-east-12101748)
[12] tagesschau.de am 01.01.2011 in *Anschlag in Ägypten* (http://www.tagesschau.de/multimedia/sendung/ts23882.html)
[13] 01.01.2011 Kairo: Deutsche Muslime verurteilen Anschlag in Alexandria als "Unmenschlich" (http://www.islamische-zeitung.de/index.cgi?id=14178), Islamische Zeitung
[14] *Muslime wollen koptische Kirchen bewachen* (http://www.welt.de/politik/ausland/article11969657/Muslime-wollen-koptische-Kirchen-bewachen.html), welt.de vom 4. Januar 2011, abgerufen am 4. Januar 2011.
[15] aina.org am 02.01.2011 in: *Egyptian Security Guards Withdrew One Hour Before Church Blast, Say Eyewitnesses* (http://www.aina.org/news/20110101232613.htm)
[16] Islamische Zeitung am 04.01.2011 in: *Polizei in Ägypten findet keinen Selbstmordattentäter* (http://www.islamische-zeitung.de/index.cgi?id=14184)

Quelle(n) und Bearbeiter des/der Artikel(s)

Koptische Kirche *Quelle*: http://de.wikipedia.org/w/index.php?oldid=83609041 *Bearbeiter*: Abuna Yohanna, Adomnan, Ahanta, Aka, AlMisr, Alim, Avoided, Baba66, Baumfreund-FFM, Bene16, Bertramz, BesondereUmstaende, Beudke, Bierdimpfl, Boenj, Brakmann, Buxul, CHOR, Chris2001, ChristophDemmer, Claus P., Cwkassel, Cyper, Decius, Demonax, Der Kopte, DerHerrMigo, Dietrich, Elmar Nolte, Eugen Ettelt, FunkelFeuer, Gerhardvalentin, Guandalug, Gugganij, Halsbandsittich, Hansele, Hcweichert, Hreid, Hubertl, Hunter192, Irmgard, JCIV, Jed, JøMa, Kku, Kl833x9, KnightMove, Koptischekirche, Krawi, Kreusch, König Alfons der Viertelvorzwölfte, Löschfix, M.Mozart, MAY, Magadan, Martin-vogel, Master Uegly, Matzematik, MdE, Mijobe, Morio3, Moros, Neuroca, Nicolas17, OecherAlemanne, Origamiemensch, Otets, PDD, Paettchen, Perrak, Peter200, Pit, Pixelect, Pjacobi, Plasmagunman, Ranunculus, Rdb, Roxanna, S.K., Samir Kh., Samson1964, Schewek, Septembermorgen, Shmuel haBalshan, Sinn, Ston€y, Straaten, Supaari, Sven-steffen arndt, TNolte, TheK, Verita, W!B:, Warboerde, Westfalenbaer, Wst, Zenit, Zentuk, 139 anonyme Bearbeitungen

Markus (Evangelist) *Quelle*: http://de.wikipedia.org/w/index.php?oldid=82352747 *Bearbeiter*: A.Savin, Adomnan, Aka, Alnilam, Alvanx, Anneke Wolf, Arjeh, Arria Belli, Atlan da Gonozal, Baronnet, Bene16, Benowar, Bhuck, Boonekamp, Brakmann, Bücherhexe, Ch.baumi, Chrisha, ChristophLanger, Diba, Dishayloo, Dr. Otterbeck, Emergenz, Emes, Ephraim33, Filetierfix, FordPrefect42, Fristu, GDK, Gerhardvalentin, Ghghg, GiordanoBruno, Gregor Bert, HaeB, Hannodergrosse, Hans-Jürgen Hübner, Hansele, Hardenacke, Hoss, Howwi, Irmgard, Ishaak, JCS, Janz, Jergen, Jocian, Joey-das-WBF, JuTa, Julia&Romeo ;-), Karl Gruber, Krokofant, Leipnizkeks, Logograph, M aus du, MTimann, Magadan, MarkusZi, Martin-vogel, Mathetes, Matthias.Gruber, Maynard, Michail, Moros, Nikkis, Parzi, Pfeffersack, Pitichinaccio, Pittimann, Plehn, Proofreader, Raymond, Richard Huber, Romanceor, Rxm, Saippuakauppias, Salmi, Sargoth, Scaevola, Sebmol, Septembermorgen, Sinn, Spb, Stefan Kühn, Stefan h, Stullkowski, Thorbjoern, Tobnu, Toolittle, Tönjes, Umweltschützen, Vedom, Wolfgang K, Wombi99, Wst, Zefram, 94 anonyme Bearbeitungen

Kopten *Quelle*: http://de.wikipedia.org/w/index.php?oldid=83578334 *Bearbeiter*: 20percent, 3eckenlelfer, AHarnack, Abuna Yohanna, Achimbodewig, Achsenzeit, Aka, Aktions, AlMisr, Andys, Anima, Anneke Wolf, Baros, Bene16, Bennsenson, Benowar, Bob., Brakmann, Bürger-falk, CHOR, Chris2001, Chrisfrenzel, Christian Ganzer, Cirdan, Corrigo, Cosmopolita61, Curvededge, Cwkassel, Cyper, Der Kopte, Dieter Zoubek, Dietrich, Dobby1397, Dschanz, Gerhardvalentin, Gugganij, Heinte, Hoheit, Interrex, Irmgard, Jergen, John Eff, Jointrips, Josefabo, JuTa, Juesch, Kaiserreich, Karl-Friedrich Lenz, Kl833x9, KnightMove, König Alfons der Viertelvorzwölfte, Küstenkind, Löschfix, Magnus, Martin Riedel, Martin1978, Mnh, Muck31, NEXT903125, Nikswieweg, Origamiemensch, Pfieffer Latsch, Pittimann, Plasmagunman, Quirin, Robert Schediwy, Roxanna, Rudolfox, Schnargel, Schnobby, Schreibvieh, Shoshone, Siehe-auch-Löscher, Sinn, Spuk968, Sven-steffen arndt, TheK, Tönjes, Udimu, Unscheinbar, Usw., Utilo, Vicente2782, Wendelin von der Rolle, Wiegels, Winzi, Wst, Zenit, Zoechling, 100 anonyme Bearbeitungen

Altorientalische Kirchen *Quelle*: http://de.wikipedia.org/w/index.php?oldid=82746155 *Bearbeiter*: 23PowerZ, A.Savin, AHarnack, Aths, Boenj, Bokpasa, Boonekamp, Brakmann, Cwkassel, Cyper, Dayroyo Isa, Decius, Dingo, Ernst Kausen, Galaxy07, Gudrun Meyer, Hansele, Indra, Irmgard, Kreusch, MAY, Magadan, Michael Schubart, Moros, PDD, Peter Kramer, Pjacobi, Rabanus Flavus, Ratatosk, Rdb, Roald, Samir Kh., Straaten, Trinsath, Vsop, Wst, ايديبيكيو, 40 anonyme Bearbeitungen

Shenouda III. *Quelle*: http://de.wikipedia.org/w/index.php?oldid=83597954 *Bearbeiter*: 08-15, Aka, Bene16, BrThomas, Brakmann, Buxul, ChristianErtl, CommonsDelinker, Der Kopte, Der Spion, Dietrich, Florian Adler, Frank Reinhart, Graphikus, Gugganij, HaSee, Habakuk, Hallaschka, Hansele, Harro von Wuff, Hekerui, Hreid, Irmgard, König Alfons der Viertelvorzwölfte, Lofor, Lord Osiris, Martin-vogel, Muck, Paul Ebermann, Pelz, Pjacobi, Quaerens07, Rotkap, Saethwr, Scaevola, Scooter, Senax, Silewe, Sparte, Stefan Kühn, Stefan h, Taschenrechner, Turris Davidica, Zaxxon, 20 anonyme Bearbeitungen

Christentum in Ägypten *Quelle*: http://de.wikipedia.org/w/index.php?oldid=83402892 *Bearbeiter*: Abuna Yohanna, Atamari, Berthold Werner, Frank Reinhart, HaSee, Hopdiridaddaradiridod, Linksverdreher, Lysandros, MAY, Manuel Aringarosa, Roxanna, Rr2000, Rülpsmann, Sf67, Sisal13, Succu, 13 anonyme Bearbeitungen

Markuskathedrale *Quelle*: http://de.wikipedia.org/w/index.php?oldid=78868958 *Bearbeiter*: Achim Raschka, Atamari, Bene16, Bjs, CommonsDelinker, EWriter, Frank Reinhart, Frankee 67, Harro von Wuff, Magadan, Sarkana, Troy 07, 3 anonyme Bearbeitungen

Koptischer Ritus *Quelle*: http://de.wikipedia.org/w/index.php?oldid=83312215 *Bearbeiter*: Brakmann, Erky, Gugganij, Hhdw1, Irmgard, KnightMove, Quaerens07, Tomas e, WiesbAdler, WolfgangRieger, 4 anonyme Bearbeitungen

Koptische Sprache *Quelle*: http://de.wikipedia.org/w/index.php?oldid=82684940 *Bearbeiter*: A.Savin, Aconcagua, Alazon, Amphibium, Anathema, Androl, Atamari, Chrislb, Crypto-ffm, DasBee, Denkdabei, Djehouty, Ernst Kausen, Gleiberg, Halsbandsittich, Hao Xi, Immanuel Giel, Jazzman, Kajk, Kalkühl, Kgfleischmann, KingLion, Kku, Leichtbau, Leszek Jańczuk, Lofor, Lucarelli, Marook, Martin-vogel, MatthiasKabel, Maximus Rex, Media lib, Muck, NebMaatRe, NickK, Perrak, Regi51, Robb, RoswithaC, Schreiber, Sozi, Tjö, Tobias1983, Tusculum, Udimu, Wiegels, Winzi, Wst, Zeno Gantner, Zumbi, °, 55 anonyme Bearbeitungen

Damian (koptischer Bischof) *Quelle*: http://de.wikipedia.org/w/index.php?oldid=83388074 *Bearbeiter*: AHZ, Aeggy, Andim, Angultimmarik, Anton-Josef, Avoided, CHOR, Cosal, Cwindusks, Der Kopte, Dinah, Entlinkt, Gugganij, Homer9913, Hubertl, Jakob Mitzlaff, Jointrips, Justus Nussbaum, LuiLieschen, Paettchen, Pelz, Rudi der Regenwurm, Schwijker, USt, Umherirrender, Warboerde, 9 anonyme Bearbeitungen

Kloster Brenkhausen *Quelle*: http://de.wikipedia.org/w/index.php?oldid=81641811 *Bearbeiter*: Aeggy, Aka, Aktions, CHOR, Cwindusks, DaBroMfld, Definitiv, Emmridet, Frank Reinhart, FunkelFeuer, HFrankDM, Heinte, Hydro, Joe-Tomato, Keuk, Paettchen, Pentachlorphenol, SanktMartinOrden, TheK, Warboerde, Zefram, 10 anonyme Bearbeitungen

St. Markus Koptisch-Orthodoxe Kirche Frankfurt *Quelle*: http://de.wikipedia.org/w/index.php?oldid=83607379 *Bearbeiter*: Jivee Blau, Marzahn, Nasrudin, Vux, Wiegels, Wnme

Christenverfolgung *Quelle*: http://de.wikipedia.org/w/index.php?oldid=83486015 *Bearbeiter*: 1440hoola, 3268zauber, 4tilden, AHZ, AHarnack, Abfall-Reiniger, Aka, Alexander Z., Alexandra Movtchaniouk, Allgrace, Am Regenufer, Amphibium, Amurtiger, Aquisgranum, Armin P., Asthma, Auchwaswisser, Avoided, Aĩnoa, BLueFiSH.as, Baldhur, Bender235, Bene16, Benedikt, Benowar, Biblelover, Björn Bornhöft, Blaue Orchidee, Blauerflummi, Blaumeise, Blootwoosch, Boguslaw Sylla, Bohr, Br, Brakmann, Brazzy, Callipides, Carbidfischer, Carski, Cautopates, Chaddy, ChoG, Cholo Aleman, ChristophDemmer, ChristophLanger, Cinik, Complex, Corradox, CyborgMax, D, Danimilkasahne, DasBee, Decius, DerHexer, Devotus, DieAlraune, Dietrich, Dishayloo, Diskriminierung, Doc Sleeve, Don Magnifico, Dr. Gert Blazejewski, Dribbler, Dudenfreund, Dundak, Elpizon, Emkaer, Entlinkt, Ephraim33, ErikDunsing, Eugen Ettelt, Exchequer, F104, Fg68at, Fischbuerger, Flo 1, Florian.Keßler, Frank Reinhart, Franzlothar (Reserve), Fristu, Gamgee, Gegen christliche Propaganda in der Wikipedia, Generator, Glotzfrosch, Gormo, Gravierend blass, GrîleGarîle, Gute Autorinnen und Autoren sind stets willkommen, Hanna-Emilia, Hansele, Hooks, Hopdiridaddaradiridod, Hubertl, Iclandicviking, Igrimm12, Init, Ioannes.baptista, Irmgard, Ixitixel, JCS, Jed, JensBaitinger, Jeremiah21, Jesi, Jesusfreund, Jockl1979, Joeby, Josef Spindelböck, Joseph Nassivera, K.atarina.w, Katty, Kku, Klaus Huber, Krawi, Kubrick, LKD, Laubfrosch *hüpf*, Leider, Liberatus, Lley, Logograph, Lokalkosmopolit, Luha, Lutheraner, Lysis, MFM, Maik 123, Marco Breuer, Marcus Cyron, Mark Wolf, Markus.Michalczyk, Martin-vogel, Mbdortmund, Mediatus, Miastko, Mipago, Mkill, Mmg, Mnh, MsChaos, Nachtgestalt, Nerd, NoBuddy, Nolispanmo, OecherAlemanne, Oktavian142, OpenDoorsDE, Osch, Ot, Otfried Lieberknecht, OttoK, PDD, Paramecium, Partysan, Peter200, Philipendula, Port(u*o)s, Prolinesurfer, Proofreader, R.Toma, Rainer Lippert, Raymond, Regi51, Ri st, Robodoc, Rokwe, Rosenzweig, Roughneck, Rr2000, Rülpsmann, S.Didam, Sadarji, Samir Kh., Sarcelles, Schewek, Schiefesfragezeichen, Schnupf, Schwarze Feder, Sebmol, Sechmet, Seewolf, Semper, Siehe-auch-Löscher, Sinn, Southpark, Spanier, Splayn, Stauba, Stefan, Stefan Volk, Stefan64, StefanC, Steffen Löwe Gera, Steffen85, Steschke, Straaten, Suhadi Sadono, Sukarnobhumibol, Tafkas, Tarantelle, TheK, Thomas Ihle, Thorbjoern, Tickle me, Tim.landscheidt, Tina05, TomK32, Turris Davidica, Typoteufel, Tönjes, Túrelio, Ulrich.fuchs, Vandalenaccount, WAH, Wasserseele, Wenngasgerd3malklingelt, Wiegels, Wietek, Wiggum, Wolfgang glock, Wolfgang1018, Wst, Zahnstein, Zaphiro, Zenit, Zinnmann, °, 319 anonyme Bearbeitungen

Terroranschlag am 1. Januar 2011 in Alexandria *Quelle*: http://de.wikipedia.org/w/index.php?oldid=83560500 *Bearbeiter*: Adornix, Andante, Atamari, Bennsenson, Dinarsad, Flavia67, Lutheraner, MK-CH1, Matthiasb, Michael Kühntopf, Pittimann, Prüm, SchirmerPower, Smilelight, Spuk968, Sverigekillen, Til Lydis, Vicente2782, 10 anonyme Bearbeitungen

Quelle(n), Lizenz(en) und Autor(en) des Bildes

Datei:Coptic cross.svg *Quelle*: http://de.wikipedia.org/w/index.php?title=Datei:Coptic_cross.svg *Lizenz*: Creative Commons Attribution 3.0 *Bearbeiter*: Sagredo

Datei:Cairo, Old Cairo, Hanging Church, Egypt, Oct 2004.jpg *Quelle*: http://de.wikipedia.org/w/index.php?title=Datei:Cairo,_Old_Cairo,_Hanging_Church,_Egypt,_Oct_2004.jpg *Lizenz*: Creative Commons Attribution-Sharealike 2.5 *Bearbeiter*: User:Blueshade

Datei:Kroeffelbach Koptisches Kloster.jpg *Quelle*: http://de.wikipedia.org/w/index.php?title=Datei:Kroeffelbach_Koptisches_Kloster.jpg *Lizenz*: unbekannt *Bearbeiter*: Bene16, MdE, RalfHuels

Datei:Codexaureus 21.jpg *Quelle*: http://de.wikipedia.org/w/index.php?title=Datei:Codexaureus_21.jpg *Lizenz*: Public Domain *Bearbeiter*: Batchheizer, CristianChirita, Warburg

Datei:Balisique Saint Marc de Venise facade door 1.jpg *Quelle*: http://de.wikipedia.org/w/index.php?title=Datei:Balisique_Saint_Marc_de_Venise_facade_door_1.jpg *Lizenz*: unbekannt *Bearbeiter*: -

Datei:Particolare basilica.JPG *Quelle*: http://de.wikipedia.org/w/index.php?title=Datei:Particolare_basilica.JPG *Lizenz*: Creative Commons Attribution-Sharealike 2.0 *Bearbeiter*: User:Robin root

Datei:Ancient Coptic material.jpg *Quelle*: http://de.wikipedia.org/w/index.php?title=Datei:Ancient_Coptic_material.jpg *Lizenz*: Creative Commons Attribution-Sharealike 3.0 *Bearbeiter*: User:Schnobby

Datei:Chuck Kennedy - The Official White House Photostream - P060409CK-0199 (pd).jpg *Quelle*: http://de.wikipedia.org/w/index.php?title=Datei:Chuck_Kennedy_-_The_Official_White_House_Photostream_-_P060409CK-0199_(pd).jpg *Lizenz*: Public Domain *Bearbeiter*: The Official White House Photostream

Datei:StMarkCathAlex.jpg *Quelle*: http://de.wikipedia.org/w/index.php?title=Datei:StMarkCathAlex.jpg *Lizenz*: Public Domain *Bearbeiter*: A. Fanous

Datei:Katharinenkloster Sinai BW 2.jpg *Quelle*: http://de.wikipedia.org/w/index.php?title=Datei:Katharinenkloster_Sinai_BW_2.jpg *Lizenz*: Creative Commons Attribution-Sharealike 3.0 *Bearbeiter*: User:Berthold Werner

Bild:Saint Mark Cathedral, Cairo.jpg *Quelle*: http://de.wikipedia.org/w/index.php?title=Datei:Saint_Mark_Cathedral,_Cairo.jpg *Lizenz*: Creative Commons Attribution 2.0 *Bearbeiter*: Andrew A. Shenouda

Datei:Coptic.jpg *Quelle*: http://de.wikipedia.org/w/index.php?title=Datei:Coptic.jpg *Lizenz*: GNU Free Documentation License *Bearbeiter*: Chris 73, G.dallorto, Ranveig

Datei:Damian 10cm.jpg *Quelle*: http://de.wikipedia.org/w/index.php?title=Datei:Damian_10cm.jpg *Lizenz*: Creative Commons Attribution-Sharealike 3.0 *Bearbeiter*: User:Cwindusks

Bild:Kloster_Brenkhausen1.jpg *Quelle*: http://de.wikipedia.org/w/index.php?title=Datei:Kloster_Brenkhausen1.jpg *Lizenz*: Creative Commons Attribution-Sharealike 2.0 *Bearbeiter*: Patrick Seidler (Benutzer:Paettchen). Original uploader was Paettchen at de.wikipedia

Datei:Kirche Brenkhausen.jpg *Quelle*: http://de.wikipedia.org/w/index.php?title=Datei:Kirche_Brenkhausen.jpg *Lizenz*: Public Domain *Bearbeiter*: User:Spunky

Datei:Koptisch-Orthodoxes Gemeindezentrum Frankfurt 2.jpg *Quelle*: http://de.wikipedia.org/w/index.php?title=Datei:Koptisch-Orthodoxes_Gemeindezentrum_Frankfurt_2.jpg *Lizenz*: Creative Commons Attribution-Sharealike 2.5 *Bearbeiter*: Nicolas17

Datei:Koptisch-Orthodoxes Gemeindezentrum Frankfurt 1.jpg *Quelle*: http://de.wikipedia.org/w/index.php?title=Datei:Koptisch-Orthodoxes_Gemeindezentrum_Frankfurt_1.jpg *Lizenz*: Creative Commons Attribution-Sharealike 2.5 *Bearbeiter*: Nicolas17

Printed by Books on Demand GmbH, Norderstedt / Germany

Christian Moritz

Du siehst meine Wege

Christian Moritz

Du siehst meine Wege

Impulse und Gebete für den Alltag

Fromm Verlag

Imprint
Any brand names and product names mentioned in this book are subject to trademark, brand or patent protection and are trademarks or registered trademarks of their respective holders. The use of brand names, product names, common names, trade names, product descriptions etc. even without a particular marking in this work is in no way to be construed to mean that such names may be regarded as unrestricted in respect of trademark and brand protection legislation and could thus be used by anyone.

Cover image: www.ingimage.com

Publisher:
Fromm Verlag
is a trademark of
International Book Market Service Ltd., member of OmniScriptum Publishing Group
17 Meldrum Street, Beau Bassin 71504, Mauritius

Printed at: see last page
ISBN: 978-613-8-35003-3

Christian Moritz

Du siehst meine Wege

Impulse und Gebete für den Alltag

Gewidmet meiner geistlichen Begleiterin
Maria Pollety

Inhaltsverzeichnis

Vorwort

Seit einigen Jahren spiele ich Golf. Ich spiele es wegen der Naturverbundenheit. Beim Golf muss man Wege zurücklegen, mal längere, mal kürzere. Alle aber haben ein Ziel: Der Ball muss ins Loch. Egal wieviel Schläge man braucht, er muss dorthin.

Beim Golf trifft man Menschen. Mit manchen unterhält man sich kurz, mit manchen spielt man länger. Letzteres ist immer wieder interessant.

Auf einer meiner Runden habe ich Menschen getroffen, die mich anregten, einmal über Wege nachzudenken. Das fand ich für mich einen spannenden Prozess. Ich entdeckte, dass Golf viel mit dem Leben zu tun hat. Ein Mitspieler sagte mir einmal den folgenden Satz: Du spielst Golf, wie du lebst.

Da ist etwas Wahres dran. Ich habe Menschen erlebt, die einen schlechten Schlag nicht ertragen konnten und wütend den Schläger hinschmissen. Das lässt auf den Alltag schließen.

Golf fordert eine gewisse Gelassenheit, mit dem Weg zum Ziel umzugehen. Ein schlechter Schlag heißt noch lange nicht, dass alles verloren ist, sondern eher nur: Wir nähern uns bedachter dem Ziel.

So habe ich angefangen, Wege vom Ziel her zu beobachten. Ich fand für mich heraus, dass das Ziel viel mit uns machen kann. Wir können es mit großer Euphorie erreichen oder auch vorher resigniert aufgeben. Egal wie wir uns zum Ziel stellen und welche Gefühle wir dabei haben, das Ziel bleibt. Das Grün wandert nicht.

Diese Gedanken haben mich letztlich geleitet, über das eigentliche große Lebensziel nachzudenken. Ich habe Bibelstellen meditiert, über die Wege Gottes mit uns nachgedacht.

Herausgekommen ist dieses kleine Heft, was Menschen im Alltag anregen soll, einmal über ihren Weg nachzusinnen. Einige Texte stammen schon aus früheren Jahren, ich hatte sie für Exerzitien im Alltag geschrieben.

Andere sind durch Gespräche mit lieben Menschen auf dem Golfplatz entstanden, die mir während des Spiels durchaus anregende Impulse gaben. Ich möchte hier Gitti erwähnen, mit der ich viele Wege auf dem Platz gegangen bin und die mir bei unseren Gesprächen viele gute Gedanken schenkte.

Aber auch andere, mit denen ich gute Weg-Gespräche führte, wie Götz, Manfred, Sebastian, Christiane, Renate und Olivia Maria, sollen hier nicht vergessen werden. Ihnen sei an dieser Stelle gedankt.

Danken möchte ich auch meiner langjährigen geistlichen Begleiterin Maria Pollety, die meinen Weg entscheidend mitgeformt hat und mir eine große Hilfe beim Nachdenken über die Wege Gottes gewesen ist.

Dieses Heft ist eher dazu gedacht, dass man es nicht in einem Stück liest.

Vielmehr war und ist meine Intention, zunächst das Bibelwort zu lesen, dann einen Augenblick innezuhalten und es auf sich wirken zu lassen. Erst dann sollte der Impuls gelesen werden, dem wiederum eine Zeit der Stille und des Betrachtens folgen kann.

So hoffe ich, dass Menschen beim Lesen und Innehalten das eigentliche große Ziel des Lebens wieder neu entdecken, den Gott, der uns Menschen liebt und segnen möchte.

Eine segensreiche Zeit mit diesem Heft wünscht Ihnen

Christian Moritz

Fürchte dich nicht, ich habe dich erlöst, ich habe dich bei deinem Namen gerufen, du bist mein.

Foto: Christian Moritz

Das Leben hat seine Begleiter.

Manche sind recht angenehm und machen uns froh. Dann spüren wir das Glück, die Freude des Daseins. Wir möchten es festhalten und merken schnell, wie wenig das geht, wie wenig Glück wir wirklich in den Händen haben.

Manchmal glauben wir, wir könnten alle Wege gestalten und trauen dem Satz: Jeder ist seines Glückes Schmied.

Doch mitunter schleicht sich ein Gefühl ein: Was wenn das, was ich schmiede, anders wird, als ich es will. Wenn aus Glück Pech wird, Traurigkeit, Verlassenheit. Wenn die Balken des Lebens, auf denen ich glaubte zu stehen, plötzlich nachgeben, ohne dass ich es wollte.

Inmitten meiner Fragen und Unsicherheiten begegnet mir jedoch einer, der seine Arme mir entgegenstreckt und mich wissen lässt:

Ich bin deines Glückes Schmied,
ich mache das Verbogene wieder gerade.
Ich lasse dich nicht unfertig liegen,
sondern forme dich wunderschön.

Denn ich kenne dich,
habe deinen Namen immer vor Augen,
du bist unverwechselbar, einzigartig.

Meine Hand ließ dich in diese Welt kommen,
meine Hand wird dich auch dort nicht loslassen,
wo andere dich verlassen
und dir die Hand nicht mehr hinhalten.

Komm und höre mich sagen:
Fürchte dich nicht, denn du bist mein.

Des Menschen Herz erdenkt sich seinen Weg, aber der Herr allein lenkt seinen Schritt.

Sprüche 16, 9

Foto: Christian Moritz

Wir planen, haben viele Ziele. Wir fühlen uns dabei gut und manchmal auch ein wenig wichtig.

Wir denken unseren Weg, den vorteilhaften, den für uns guten. Den, wo wir glauben, das Glück zu finden. Manchmal gelingt das, manchmal bleiben wir irgendwo stehen. Spüren mit einem Mal, dass wir Glück und Erfüllung zwar planen, aber nicht immer machen können.

Schnell kann etwas dazwischen kommen. Die Enttäuschung über einen Menschen, sie kann den Weg zu einer Odyssee werden lassen, weil das Glück zerrinnt und uns so wenig bleibt.

Herr aller Wege,

wir kommen zu dir,
kommen mit unseren Plänen und Gedanken,
wissend, dass bei dir nichts zerrinnt,
noch ins Leere führt.

Lenke du unseren Blick
und unsere Schritte auf das hin,
was zum Ziel führt und nicht zerbricht.

Denn du bist Anfang und Ende
aller unserer Wege,
auch wenn wir es oft nicht so spüren,
du bist uns nahe,
nimmst sanft unsere Hand
und hältst sie fest.

Und plötzlich leuchtet auf in uns
ein Stück der Ewigkeit.

Brannte nicht unser Herz?

Lukas 24, 32

Foto: Christian Moritz

Von Schülern werde ich öfters gefragt, ob ich Gott gesehen oder gehört hätte. Den kann es doch gar nicht geben, sagen mir einige, er ist doch von niemand gesehen worden. Von mir nicht, von meinen Eltern nicht – was wollen Sie uns dann erzählen.

Meine Konfirmanden fragten mich in ähnlicher Weise, ob ich Gott sehr persönlich begegnet bin. Ich bin dankbar für solche Fragen, auch wenn ich im ersten Moment stocke und darüber nachdenke, was ich denn wirklich sagen sollte. Was werden Schüler verstehen, ohne in mir den Sonderling zu sehen, der der Realität ein wenig entfremdet ist.

Doch dann erzähle ich dieses kleine Erlebnis: Als ich fünf Jahre alt war, kroch ich frühmorgens ins Bett meiner Eltern. Ich war schnell wieder eingeschlafen und hatte gar nicht bemerkt, dass meine Eltern inzwischen aufgestanden waren. Im Schlafzimmer hing zwischen den beiden zur Straße gewandten Fenstern ein wunderschönes aus Holz gefertigtes Kruzifix. Heute ist es in meinem Amtszimmer zu finden. Ich habe es bewahrt, weil dieses wichtige Erlebnis mit ihm verbunden ist.

Ich schlief also noch und hörte plötzlich meinen Namen. Erst dachte ich, dass meine Eltern mich riefen, bis ich bemerkte, dass sie das nicht taten. Ich versuchte, die Richtung der Stimme zu orten und sah auf das Kreuz. Und wieder hörte ich meinen Namen. Ich fand es irgendwie komisch, ein Kreuz, das redet, wo gibt es das denn. Dann stand ich auf und ging zum Frühstück. Der Klang der Stimme jedoch blieb bis heute in meinem Gedächtnis.

Als ich dann Student war, las ich in Bibel die Geschichte von Samuel, der im Tempel schlief. Auch er hörte eine Stimme und wusste nichts damit anzufangen. Schließlich ging zum Priester Eli und der sagte ihm, dass er antworten solle: Hier bin ich, o Gott.

Mir fiel mein Kindheitserlebnis wieder ein und mit einem Mal wusste ich – er hatte mich damals gerufen. Ich aber hatte es nicht erkannt.

Als Jesus nach seiner Auferstehung mit zwei seiner Jünger auf dem Weg nach Emmaus unterwegs war, ging es ihnen ähnlich. Sie hatten ihn nicht erkannt. Erst als er in ihr Haus einkehrte und das Brot brach, öffneten sich ihre Augen. Brannte nicht unser Herz, sagten sie, als Er mit uns redete. Die Sehnsucht nach Grund und Wahrheit des Lebens, sie war wieder in ihnen geweckt.

Manchmal gibt es Zeiten, da geht es mir wie diesen beiden Jüngern. Da habe ich das Gefühl, Gott lässt sich in meinem Alltag nicht blicken. Morgens, wenn ich bete, gibt es scheinbar keine Antwort von ihm. Ich spüre nichts und bin geneigt, diese Leere mit anderem ausfüllen zu müssen. Es gibt ja so viele Angebote wie Internet, Fernsehen und mancherlei anderen Zeitvertreib. Eigentlich jedoch täusche ich mich darüber hinweg, dass Er, der Herr, mit mir auch im Schweigen unterwegs ist und gerade darin auch seine Herrlichkeit aufleuchtet. Wo steht denn geschrieben, dass Gott pausenlos reden muss, damit wir dei Gewissheit haben, dass er mit uns unterwegs ist? Warum fällt es uns so schwer, die Momente auszuhalten, wo er mit uns in die Stille geht und in dieser noch einmal ganz anders für uns da ist? Bei mir ist es oft die Geduld, die ich nicht habe, weil ich schneller voran kommen möchte. Dadurch nehme ich nicht wahr, dass er trotzdem mit mir unterwegs ist iwe mit den beiden Jüngern damals. Irgendwann auf dem Weg entdecke ich seine Nähe dann zum Glück doch und sage mir dann den Satz dieser beiden Jünger:

„Brannte nicht unser Herz?“ Dann denke ich an die Stimme vom Kreuz, die ich damals hörte. Sie hat Sehnsucht geweckt, auch wenn ich es damals nicht verstand. Und diese blieb in meinem Herzen bis zu dem Tag, wo Er mir als Student die Augen öffnete mitten im Alltag, beim Lesen meiner Bibel. Da wusste ich, dass ich von Geburt an ein Gerufener war, der lernen musste, auf Gott zu warten und- sich das Herz von ihm füllen zu lassen

Das Erlebnis aus der Kindheit schenkte mir die Gewißheit, dass- mein Weg ihm nicht egal ist. Er ist mit mir unterwegs zu den Orten, wo ich ihn und seine Liebe immer wieder neu erkenne. Nichts hat mich in meinem Leben darum so berührt wie der auferstandene Christus, der sein Ja zu mir sprach und sich mit mir auf den Weg machte.

Und meine Konfirmanden? Sie sind nach dieser Geschichte immer still und staunen.

Ja, ich habe die Stimme Gottes gehört, auch wenn ich sie nicht gleich verstand. Doch sie ist geblieben in meinem Herzen, bis ich verstand, dass der Ruf mir galt und ich ihm folgen sollte.

Gott redet in unsere Herzen hinein. Wer aufmerksam lauscht und sich anrühren lässt, dem wird er die Augen öffnen für den Ruf des Lebens:

---

*Folge dem **Christus** nach,*
der mehr liebt als alle Menschen,
*dessen **Liebe** niemals zerbricht -*
*der sein wunderbares **Ja** zu dir spricht*
***jeden Tag neu** bis über den Tod*
hinaus.

Achte auf Gott und ehre seinen Namen. Befolge seine Gebote. Denn das macht den Menschen aus. nach dem Buch des Predigers im letzten Kapitel

Foto: Christian Moritz

Immer wieder taucht im Leben die Frage auf: Was macht mich eigentlich aus? Ist es mein Beruf, den ich mag oder weniger mag? Ist es das, was andere über mich denken und meinen sollen? Oder wie ich anderen zu begegnen vermag.

Was macht mich denn aus? Spätestens wenn irgendwas nicht mehr so funktioniert, wir Defizite im Leben entdecken, kommt diese Frage in uns wieder hoch.

Die Antworten, die wir uns geben, können so vielfältig sein. Mein freundliches Wesen, ja, das macht mich aus, hat mir mal jemand gesagt. Und hat dann einen schweren Trauerfall in der Familie gehabt. Plötzlich warf sich ein Schatten über das Freundliche.

Im Buch des Predigers lese ich eine ganz andere Antwort. Da ist von meinen Eigenschaften und Fähigkeiten nicht die Rede. Zu drei Dingen aber werde ich eingeladen: Achte auf Gott, ehre ihn und befolge seine Gebote.

Achtsam mit dem eigenen Leben umgehen, bedeutet auch auf den zu achten, der mich in diese Welt rief. Ihn wahrzunehmen täglich neu, der mir mit all seiner Liebe begegnen will. Und ein Leben zu führen, was ihn wirklich ehrt, was um seine Weisungen für ein gelingendes Leben weiß und diese Weisung ernstnimmt.

Was mich ausmacht, das ist letztlich das Verhältnis, was ich zu Gott habe. Ob ich mich von seiner schöpferischen Liebe durchdringen lasse und spüre, wie ich durch das Leben nach seinen Weisungen zu einem erfüllten Leben finde, das auch dort besteht, wo der Wind mal kräftiger pustet.

Auf Gott achten heißt nicht, von sich wegzusehen, sondern mit Ihm den persönlichen Weg anzuschauen und Mut zum nächsten Schritt zu fassen.

Herr,

dir war mein Leben wichtig.
Du riefst mich in diese Welt.

Lass wachsen die Achtsamkeit,
die jeden Tag neu,
dich in der Vielfalt des Lebens
wahrnimmt.

Sei mir nahe,
fülle mir Hände und Herz.

Damit ich als Lobender deines
Namens meinen Weg gehe.

Amen.

Dein Wort ist meines Fußes Leuchte und ein Licht auf meinem Wege. Psalm 119, 105

Foto: Christian Moritz

Ich war vierzehn Jahre alt, als ich mir dieses Wort zum Konfirmationsspruch wählte. Es klang schön, Licht und Leuchte auf dem Weg, das war verheißungsvoll. Dass dieses Wort ein Lebensprogramm werden könnte, kam mir damals kaum in den Sinn. Mittlerweile liegt das nun schon gut vierzig Jahre zurück.

Heute kann ich sagen: Dieses Wort ist zum Programm in meinem Leben geworden. Ich habe Finsternis erleben müssen, Zeiten, wo ich nicht wusste, wie der Weg zu gestalten ist. Beim Gang durch die Zeit ist mir mehr und mehr bewußt geworden: Ich brauche Gottes Licht, das mir den Weg zeigt. Ohne dieses bin ich nicht in der Lage, die Richtung zu finden, die wirklich zum Ziel führt.

Als ich 20 Jahre alt war, wollte ich einen Freund vom Alkohol wegführen. Ich habe mich redlich gemüht. Leider ist er trotzdem nicht los gekommen, sondern gnadenlos versackt. Ich musste hilflos zusehen., wie ich nicht zum Ziel kam. Darunter habe ich gelitten.

In den Anfängen meiner Arbeit als Pfarrer hatte ich eine Frau in der Gemeinde, die mich sehr unterstützte. Sie kam jeden Sonntag, schmückte die Kirche und es war ein Traum, diese schön dekorierten Räume anzusehen. Ich ging öfters in ihren Laden und trank mit ihr Kaffee. Wir haben gelacht, geplant, uns ausgetauscht. Das war eine fruchtbare Zeit. Eines Sommers erkrankte sie schwer und verstarb kurze Zeit darauf. Ich habe viel gebetet für sie. Alles schien ohne Wirkung.

Das waren Zeiten, wo es dunkel auf dem Weg war. Wo alles drohte ins Leere zu gehen. Die Versuchung war groß zu sagen: Dein Beten hat nichts genützt. Gott, warum hast du nicht eingegriffen.

In dieser Zeit dämmerte es mir: Wir haben so wenig in der Hand. Und das, was wir glauben zu haben, zerrinnt wie Sand. Und weil das so ist, sind wir schnell versucht, uns abzuwenden von dem, was Fundament des Lebens sein kann, von Gott selbst. Die Enttäuschung darüber, dass wir so wenig in der Hand haben, führt manchen Menschen dazu zu denken:

Vergiss, dass dieser Gott dich hört und in das Leben eingreift.

Dieser Gedanke ist eine große Versuchung. Auch ich habe das erlebt. In dieser Zeit kam mir das Wort meiner Konfirmation zu Hilfe: Dein Wort ist meines Fußes Leuchte. Es wurde mir nämlich ein richtungsweisendes Wort aus dem Buch Hiob geschenkt:

Der Herr hat´s gegeben, der Herr hat´s genommen. Der Name des Herrn sei gelobt.

Das sagt ein Leidender, einer, der alles verloren hat. Der eigentlich unter seiner Last stöhnen und zusammen brechen müsste. Der sich abwenden müsste von einem Gott, der das alles zulässt. Er aber macht das nicht, sondern ruft uns zu:

Alles ist eine Gabe Gottes, wir haben so wenig in den Händen, außer das Lob Gottes.

Und dieses Lob verändert die ganze Situation. Hiob war plötzlich kein Verlierer mehr, sondern einer der gefüllt wurde durch das Lob des Herrn. Dessen Herz nicht gebrochen war, sondern voller Dank und Freude am Schöpfer.

Wir haben so wenig in den Händen, aber das Lob des Schöpfers kann unser Leben verändern.

Ich habe im Krankenhaus eine alte Dame begleitet, die im Sterben lag. Sie starb mit einem strahlenden Gesicht, weil sie aus dem Lob Gottes lebte und wusste:

Sein Wort ist meines Fußes Leuchte und ein Licht auf meinem Weg.

Ich habe zwar wenig wirklich in meiner Hand, aber eins - ich kann,das Wort Gottes lesen und dadurch Trost, Kraft und Frieden finden. Wo er mir mit seinem Wort den Weg erhellt, kann ich wie Hiob das Haupt heben und einstimmen in das entscheidende Wort des Lebens:

Der Herr hat`s gegeben, der Herr hat´s genommen.
Der Name des Herrn sei gelobt in Ewigkeit .
Amen.

Und Gott sprach zu Abraham:
Geh aus deinem Vaterland in ein Land, dass ich dir zeigen werde. Genesis 12, 1

Foto: Christian Moritz

Was mag Abraham wohl gedacht haben, als er in hohem Alter diese Worte hörte? Vielleicht: Das Alter hat eben verrückte Gedanken. Oder: Bleibe bei dem, was du hast.

Ich weiß es nicht, die Bibel erzählt nichts darüber. Deutlich wird nur, dass Abraham ein wandernder Nomade war, der eh umherzog, um Weideplätze für seine Tiere zu suchen. Plätze, die ihm vertraut waren, die er kannte und wo er wusste, dass es gut gehen würde.

Und dann diese Stimme: Geh weg von alledem. Geh in das Unbekannte hinaus. Allein im Vertrauen auf Gott.

Das ist eine große Herausforderung. Das Unbekannte habe ich nicht in der Hand. Ich weiß nicht, was mich erwartet.

Nach dem ersten theologischen Examen wollte ich nach Berlin zurück. Diese Stadt kannte ich, war ich doch dort großgeworden. Ich organisierte mir einen Vikarsplatz und marschierte stolz zu meinem Ausbildungsdezernenten. Voller Überzeugung war ich, dass er zustimmen und seinen Stempel unter den Vertrag setzen würde.

Jedoch es kam anders. „Sie gehen nicht nach Berlin", sagte er, „ich habe für Sie einen Platz im Oderbruch." Von dieser Gegend hatte ich nur mal im Heimatkundeunterricht gehört. Sie war mir eigentlich völlig fremd. Viele Gedanken gingen damals durch den Kopf: Was soll ich da? Warum darf ich nicht in Berlin bleiben, in einer Stadt, die meine Heimat war?

Die ersten Erfahrungen nach meiner Ankunft in Wriezen bestätigten meine Befürchtugen. Toilettenpapier gab es nur unter der Hand, ein Verkäufer schob mir welches rüber: Weil Sie Herr Pfarrer sind. Einkaufsmöglichkeiten, wie ich sie aus Berlin gewohnt war, waren sehr rar. Was für ein Abstieg, dieses Gefühl machte sich breit. Sollte das Gottes Ruf sein? Sicher hatte mein Ausbildungsdezernend sich verhört.

Auch Abraham stand vor dieser Herausforderungen: Soll ich mich auf den Ruf Gottes einlassen? Das Unbekannte wagen?

Wie gut, dass er es tat. Loszog in einem großen Vertrauen. Ohne etwas zu sehen, ohne Garantie auf Erfolg. Großes ist daraus erwachsen, das jüdische Volk und schließlich unsere Kirche. Vielen Menschen ist dadurch Heil geschenkt worden und sie haben den Segen Gottes erfahren. Ohne Abrahams Mut und Vertrauen wäre das nicht geschehen.

Wo ich mich auf dem Weg von Gott in Neues rufen lasse und im Vertrauen losgehe, da geschieht Heil für mich und andere.

Foto: Christian Moritz

Auch wenn ich am Anfang oder mitten auf dem Weg wenig oder nichts sehe und manchmal das Gefühl habe, dass das Leben mich vergessen hat, ist der Weg im Hören auf Gott nicht umsonst.

Unscheinbar, im Verborgenen ereignet sich sein Segen, werden Menschen durch mein Vertrauen zum Heil geführt. Im Hören auf Gott kann ich wie Abraham Neues wagen, wissend, dass der Herr mit mir auf dem Weg ist und mich nie in die Irre führen wird.

Die Einzigen, die das tun, sind wir selbst, wenn wir den eigenen Versuchungen mehr Raum geben als Gottes befreiendem Wort.

Er, aber, der zum Aufbruch ruft, hat Gegenwart und Zukunft schon im Blick. Sein Heil geschieht an den Hörenden und Aufbrechenden und an den Menschen, die ihnen auf dem Weg begegnen.

Und sieh, ob ich auf bösem Wege bin und leite mich auf ewigem Wege. Psalm 139, 24

Foto: Christian Moritz

Was geht Gott mein Weg an. Ich bin ein freier Mensch, ich habe Rechte. Ich darf bestimmen, was mit mir passiert. Ich mag keine Bevormundung. Und schon gar nicht von Gott.

Ich bin nicht sicher, ob wir immer so denken. Aber handeln tun wir oft so. Die Wege, die wir gestalten, halten wir natürlich für gut. Böse Wege, wer macht das absichtlich. Ich will Gutes, für mich und ganz sicher auch für andere. Dafür mühen wir uns ab, setzen alles ein.

Manchmal werden wir vom Weg enttäuscht. Stellen fest, dass es nicht so gelaufen ist, wie wir das dachten oder uns wünschten. Fühlen, dass wir leer ausgehen. Dann vielleicht würden wir sagen: Das war kein guter Weg. Aber böse?

In frommen Büchern hatte ich gelesen, wie Gott in Gemeinden wirkt und handelt. Großartige Dinge erfuhr ich, sie begeisterten mich. So etwas wollte ich auch erleben.

In unserer Nähe befand sich eine Bibelschule. Eines Tages stellte mir meine Sekretärin eine Studentin vor mit den Worten: Sie suchen doch jemand für die Jugendarbeit. In der Tat ich suchte. Da war nur die Sache mit dem Geld. Die junge Studentin jedoch bot mir an, für Gotteslohn zu arbeiten. Das, was Menschen spenden, wollte sie nehmen. Mehr nicht. Ich hielt das für absolut fromm.

Was für ein Gottvertrauen, dachte ich. Und war total begeistert. Die Sache konnte nur von Gott sein. Davon war ich so überzeugt, dass ich gegenteilige Einwände außer Acht ließ. Vor meinen Augen sah ich eine neue Missionarin, die Menschen zu Glauben führte.

Das Gegenteil war der Fall. Es dauerte keine drei Monate, da hatte die junge Frau vieles in der Gemeinde zerstört. Ich musste sie entlassen und wäre beinahe selbst gescheitert. In meiner Begeisterung hatte ich mir von Gott nichts sagen lassen, sondern war mir selbst gefolgt. Und das führte in die Katastrophe. Ich war auf bösem Pfad.

Gott hat dann doch auf meinen Weg gesehen und mich zu einem Jesuitenpater geführt. Diesem verdanke ich einen Aufbruch zu einem neuen geistlichen Weg, der Wunden heilte.

Foto: Christian Moritz

Seitdem nehme ich die Bitte dieses Psalms ernst. Wir leiten uns manchmal auf ungute Wege, die uns und andere zerstören können. Merken tun wir das oft erst am Ende.

Gott,

der du alle Menschen kennst,
sieh auf meinen Weg.

Ich bin
so schnell dabei,
Dinge zu tun,
die andere verletzen
oder zerstören können.

Meine Wege
sind nicht immer gut.
Ich weiß so wenig vom Heil.

Sieh auf mich

und meinen Weg.

Wenn ich zu entgleiten drohe,
sende mir einen Engel,
der mich leitet
auf den Weg
des Friedens
und
des Heiles.

Denn er hat seinen Engeln befohlen, dass sie dich behüten auf allen deinen Wegen. Psalm 91, 11

Foto: Christian Moritz

Fahre nie schneller, als dein Schutzengel fliegen kann. Diesen guten Rat hat mir mal jemand mitgegeben. Ich glaube, er hatte nicht unrecht bei den Herausforderungen im heutigen Straßenverkehr. Wie leicht bin ich auch mal geneigt, die Schnelligkeit meines Autos austesten zu wollen.

Vor Jahren ist bei uns ein junger Mann verunglückt. Die Eltern hatten ihm einen Golf mit viel PS geschenkt. Da war die Versuchung groß. Und die Kurve vor der Brücke zu eng. Sein Schutzengel kam leider nicht so schnell hinterher.

Gott will uns behüten. Das gilt nicht nur für einen einzelnen Trampelpfad. Bei Gott sind alle unsere Wege im Blick.

Bei Taufen habe ich oft erlebt, dass Eltern sich dieses Psalmwort wünschen. Sie meinen:

Auf mein Kind soll ein Engel aufpassen, damit sein Weg gelingt. Ich selbst komme mit dem Behüten schnell an meine Grenzen. Ich kann nicht immer aufpassen. Ich bin nicht immer da, wo mein Kind ist. Doch ich mache mir so meine Gedanken und hoffe, dass es bewahrt bleibt. Das sind die Sorgen der Eltern.

Ich rate Menschen manchmal, sich auch Zeit zu nehmen, um die Engel kennenzulernen, die Gott uns auf den Weg schickt. Wir gehen viel zu schnell durch das Leben und nehmen so wenig wahr. Das ist wie beim Autofahren, Gas geben geht schnell, wir wollen ans Ziel, der Weg dazwischen fliegt an uns vorbei.

Ich erlebe das oft, wenn ich fahre. Kaum einer hat Zeit, und die, die sie sich nehmen, sind ein ärgerliches Hindernis. Vielleicht verpassen wir auf diese Art auch unsere Engel, die auf dem Wege sind und uns Gutes tun wollen.

Wir lassen sie einfach nicht ran, weil wir schon ganz woanders sind, bei der Sicherung unseres kleinen Glücks, bei Karriere und Geld, bei dem, was uns einen Augenblick Sinn zu geben scheint und doch morgen wieder verrinnt. Wir haben sie vergessen. die Engel, da uns jeder Tag fordert und kaum Zeit bleibt, diese Boten

Gottes aufmerksam wahrzunehmen.

Das schert die Engel aber zum Glück nicht. Sie sind trotzdem am Wirken.

Neulich sagte mir jemand nach dem Gottesdienst, dass ein Mensch, den ich gut kenne, schwer erkrankt sei. Er habe keine Hoffnung mehr. Er weine nur noch. Eigentlich hatte ich den Sonntag anders geplant. Ich wollte im Garten sitzen und gemütlich Kaffee trinken. Möglicherweise war es ein Engel, der mir ins Ohr flüsterte: Geh heute noch hin und spende ihm das Abendmahl.

So bin ich losgefahren und habe diesen Menschen aufgesucht. Zu meinem Erstaunen fand ich einen tief frohen Menschen vor. Er sagte mir: "Erst war ich erschrocken und vollkommen fertig. Dann aber habe ich mir gesagt: Besinn dich auf das, was dir Kraft gibt. Lies in der Bibel und bete wieder. Da wurde ich froh." Und dann nahm er seine Gitarre und spielte mir einen wunderbaren Blues vor.

Es war mir in diesem Augenblick als wäre mir ein Engel begegnet, der das Traurige in echte Freude verwandelt.

Und heute bin ich sicher, dass es ein Engel war, der mitten im Raum stand und diesem Menschen die Hand auf die Schulter legte. Den Trost und den Frieden, den er mitbrachte, kann ich immer noch spüren.

Jesus sprach zu dem Taubstummen: Hefata!, das heißt:Tu dich auf! Markus 7,34

Foto: Christian Moritz

Dieser Satz stammt aus einer Weg-Geschichte. Jesus ist unterwegs mit seinen Jüngern. Die Botschaft vom nahen Reich Gottes treibt ihn voran. Da bringen Menschen diesen Kranken und bitten: Lege ihm die Hände auf. Das ist bemerkenswert, denn es heißt nicht: Heile ihn. Mach ihn gesund.

Ich kenne Menschen, die mit großen Erwartungen zu mir kommen. Oft stecken sie in schwierigen Situationen. Sie sagen: Beten Sie bitte! Oder auch: Legen Sie mir die Hände auf, dann ist das Schlimme endlich vorbei. Solchen Menschen sage ich, dass ich das gern für sie tue, aber alle Dinge sind offen. Ich will und kann dem Handeln Gottes nicht vorgreifen. Ich kann nicht bestimmen, was er zu tun oder zu lassen hat. Ich bin nicht Gott. Es ist möglich, dass Menschen nicht geheilt werden, sondern das Leiden aushalten müssen. Warum das so ist, das weiß ich nicht. Ich bin nicht Gott.

In meiner Gemeinde war ein Mann, der schwer erkrankte. Zu jener Zeit hatte ich ein Buch über Heilung gelesen. Was da aufgeschrieben war, klang wunderbar. Wir müssen nur mit Vollmacht glauben, Mut zum Heilungsgebet haben und vieles mehr. Viele gute Beispiele zementierten das Ganze.

Voller Erwartung habe ich angefangen, für diesen Mann zu beten. Ich war der festen Überzeugung, dass, wenn es in diesem Buche stand und Menschen es so erlebt hatten, ich das auch erleben würde, eine vollständige Heilung dieses Menschen.

Die erste Zeit nährte sich meine Hoffnung. Ich sah schon in meiner Euphorie das Ziel, das zu geschehene Wunder. Dann plötzlich starb der Mann. Ich fiel in ein tiefes Loch.

Du hast zu wenig gebetet, flüsterte mir eine Stimme. Siehst du, auf Gott kann man sich nicht verlassen, sagte eine andere. Du Looser, du hast zu wenig Glauben, schau, andere schaffen es.

Ich war verwirrt, verzweifelt. Fast hätte ich mich den Stimmen ergeben. Mein Gottesbild war ja gerade zutiefst erschüttert worden.

Irgendjemand wies mich auf diese Stelle bei Markus hin und ich habe sie gelesen. Dabei kam ein Gedanke in meinen Sinn: Die Menschen, die den Kranken zu Jesus brachten, ließen alles offen. Sie baten Jesus nur: Lege ihm die Hände auf!

Das ist die Bitte um Segen, um Zuspruch. Schenke diesem Menschen einen neuen Mut, damit er es aushalten kann. Mach du, Herr, was du für richtig hältst. Alles ist offen. Alles kann, nichts muss.

Alles behält im Lichte Gottes seinen Sinn, auch wenn ich ihn nicht gleich verstehe. Das ging mir damals auf. Jahre später habe ich während einer Exerzitienzeit bei Ignatius gelesen, dass wir das eine nicht mehr haben wollen müssen als das andere. Krankheit nicht mehr als Gesundheit, Wohlstand nicht mehr als Armut … , wir sollen offen bleiben für das, was geschieht und aus welchen Gründen auch immer geschehen soll.

Jesus wusste, was dieser Mensch jetzt dringend brauchte. Darum sprach er das Hefata, tue dich auf. Er sah, dass diesem Menschen das Wichtigste versagt war, das Lob des Schöpfers.

So machte er den Weg frei, damit dieser Taubstumme es tun konnte. Ich habe daran gelernt, dass es bei der Offenheit vor allem darum geht, dass ich zum Lob über Gottes Gegenwart und Nähe finde, die in allem ist, sei es Licht oder Finsternis.

Denn nichts kann uns trennen von der Liebe Gottes, weder Finsternis, noch Krankheit, noch Tod, noch ausweglose Situationen, noch schlechte Gedanken der Menschen, denn sie ist ausgegossen in unsere Herzen. Das schreibt der Apostel Paulus.

Gott tut immer das, was gut für uns ist, auch wenn wir das im Moment nicht begreifen. Wenn es uns eher wie das Gegenteil erscheint.

Foto: Christian Moritz

Ich habe das Sterben dieses mir nahe stehenden Menschen auch nicht sofort verstanden. Nur im Loslassen meiner Wünsche und Ansprüche wurde mir geschenkt, dass Gott den Weg eines Menschen gut macht und ihn vollendet.

So bleibt mir das erwartungsvoll staunende Schweigen über diese Erkenntnis, dass Gott am Ende alle Dinge gut macht. Dies mündet dann in das vertrauensvolle Lob seiner Weisheit. Das ist mir genug. Denn ich weiß: Nicht ich bin Gott, sondern Er, der weiß, was ein jeder von uns braucht und nötig hat. Dies darf ich ihm getrost überlassen.

Deine Augen sahen mich, da ich noch nicht bereitet war, und alle Tage waren in dein Buch geschrieben, die noch werden sollten und von denen keiner da war.

Psalm 139, 16

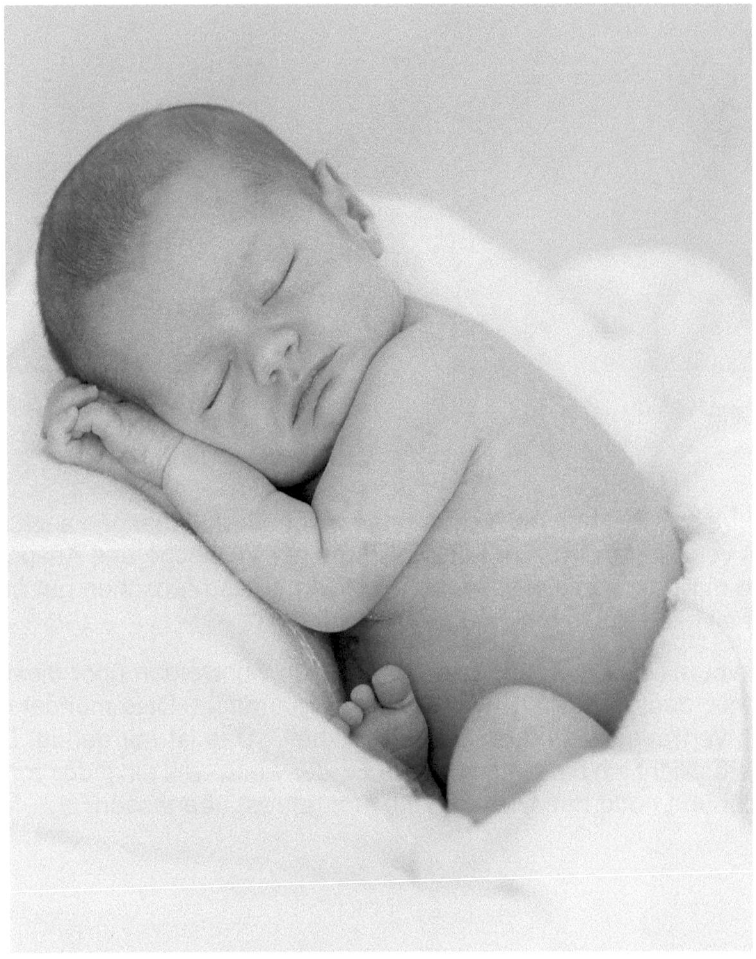

Foto: pixabay

Neulich hatte ich ein Fotobuch in der Hand. Meine Eltern hatten es angelegt und die ersten Jahre meines Lebens dokumentiert. Dem ersten Kind widmet man viel Aufmerksamkeit.

Ich fand darin ein Bild meiner Taufe. Ich weiß nicht, welche Hoffnungen meine Eltern mit dieser verbunden hatten. Eins jedoch weiß ich sicher: Sie wollten mein Leben ganz in die Hände Gottes legen. Und das sicher aus gutem Grund, hatte doch bei meiner Geburt der Arzt mir geringe Überlebenschance gegeben. Meine Eltern waren besorgt, ob ich es denn schaffen würde. Gott war ihre einzige Hoffnung. Beim Ansehen der Fotos musste ich mich daran erinnern. Ich bin in die Hände Gottes gelegt worden.

Im Konfirmandenunterricht las ich zum ersten Mal diesen Psalm. Die Worte berührten mich tief.

Was für eine erstaunliche Vorstellung: Gottes Augen sahen mich, bevor ich gezeugt wurde. Ich war in seinen Gedanken schon da. Er hatte alles schon gesehen. Und alle Tage, auch die zukünftigen in seinem Buch notiert.

Nichts hängt allein von mir ab. Meine Lebenszeit, sie hängt an Gott. Er schenkt sie und er hat sie schon aufgeschrieben. Ich muss nicht sorgen, was und wie alt werde ich, er hat schon vorgesorgt. Das kann sehr entlastend sein.

Wir greifen oft den Dingen viel zu schnell vor und meinen, dass das Leben allein von uns abhängt. Meine Cousine aus dem Westen sagte 1990, kurz nach der Wende und dem sich abzeichnenden Ende der DDR: Willkommen in der Leistungsgesellschaft.

Ich ahnte damals nur wage, was das bedeutet. Später habe ich es begriffen, als ich sah, wie hart für manchen der Kampf um den Platz in der Gesellschaft war und ist.

Konkurrenz belebt das Geschäft, sagt man. Sie macht aber aus manch Lebenden auch einen Atemlosen. Ich höre schon öfters:

Ich halte den Druck kaum aus. Ich fühle mich völlig überlastet. Ich möchte nach meiner Arbeit nur noch Ruhe haben.

Heute bedeutet Leben oft: Ich muss funktionieren. Es darf nichts dazwischen kommen, keine persönlichen Probleme, keine Krankheit oder anderes. Das kann mich schon aus der Bahn werfen. Dann bin ich draußen. Und der erneute Einstieg kostet manchen enorm viel Kraft. Dank dem, der sie hat.

Ja, wir nehmen das Leben gern in die Hand, schaffen mit Mühe und Fleiß viele schöne Dinge. Nicht jedoch schaffen wir das wirklich Bleibende, wissen oft gar nicht, was es ist. Vielleicht interessiert es uns auch gar nicht.

Neulich erzählte mir ein Pfarrer, dass wir bei uns eine Art Gottvergessenheit erleben. Ob Gott existiert oder nicht, sagte er, ist nicht mehr die Frage, auf die wir eine Antwort geben müssten. Viele, meinte er, haben gar keine Ahnung mehr, was Gott denn eigentlich ist. Das ist wie mit manchen Worten in unserer Sprache, die vor über hundert Jahren noch üblich waren und die heute keiner mehr kennt.

Gott jedoch kennt uns, er kennt unsere Vergesslichkeit und unseren Lebenskampf. Wir waren in seinen Gedanken schon, bevor wir das Licht der Welt erblickten. Unser Leben, unsere Existenz, er hat sie schon aufgeschrieben, bevor wir überhaupt schreiben konnten.

Wir jedoch greifen zu schnell vor, greifen Gott zu schnell vor. Wir laufen los, ohne zu fragen, rennen, weil wir meinen, es zu müssen, verrennen uns in der Vielfalt unserer Ideen und Pläne. Sicher kommen wir dann doch irgendwo an, doch bleibt offen, ob das wirklich das Ziel für uns ist. Möglicherweise hat Gott ganz andere Pläne für uns, nur geben wir uns nicht die Mühe, sie kennenzulernen.

In den Wochen vor Ostern erreichte mich eine Mail. Eine Frau meldete sich zu Online-Exerzitien an. Ich hatte gar keine ausgeschrieben. Ich weiß nicht, wie sie auf mich kam, wohnte sie doch hunderte von Kilometern entfernt. Gottes Wege sind manchmal seltsam und unerforschlich.

Ich habe ihr den Wunsch nicht abgeschlagen und sie begleitet. Einmal in der Woche schrieb ich eine Impuls-Mail. Sie hatte die Möglichkeit, mir ihre Eindrücke und Erfahrungen zu schreiben. Sie war voller Sehnsucht, Gott neu zu finden und das, was er mit ihr noch vorhat.

Leider war sie sie familiär und beruflich so beansprucht, dass ihre Pläne ein wenig auf der Strecke blieben. Doch die Sehnsucht blieb.

Der Psalm lässt die Sehnsucht des Menschen aufleuchten. Ich möchte kein Rädchen im großen Getriebe sein, das ausgewechselt wird, wenn es kaputt geht. Ich bin unendlich viel mehr.

Foto: pixabay

Ich bin den Gedanken Gottes entsprungen und sein liebender Blick ruht auf mir. Er hat einen Weg mit mir vor, gesehen hat er ihn schon und vielleicht auch all die Nebenwege, die ich gehe und ging. In seiner Hand ist mein Leben aufgehoben und das, was ich für ihn bin und immer sein werde: Sein geliebtes Kind.

**Gott, der du an mich dachtest
als ich noch nicht denken konnte,
öffne mir die Augen für das
wirklich Schöne und Wichtige
auf meinem Weg.**

**Lass mich achtsam
mit dem umgehen,
was du mir geschenkt hast,
meine Zeit, die Menschen
um mich herum,
die kleinen Wunder
in der Natur.**

**Lass mich innehalten
im Strom des Lebens,
dass ich der Sehnsucht
Raum geben kann,
die sich ausstreckt nach dir
und dem, was immer bleibt:**

**Deine Liebe, die mir
das Wort der Hoffnung sagt:
Geh getrost, geliebtes Kind,
mein heilender Blick ruht auf dir
und deinem Herz.**

Jesus Christus spricht: Ich bin der Weg und die Wahrheit und das Leben. Johannes14, 6

Foto: Christian Moritz

Dieser Vers steht über der Kanzel, die sich in einer meiner Dorfkirchen befindet. Wer diesen Raum besucht, dessen Augen werden unweigerlich auf ihn gerichtet. Sie können sich diesem Wort gar nicht entziehen.

Das hatten sich die Erbauer dieser Kirche so gedacht. Sie wollten, dass diese für sie so wesentliche Wahrheit, den Menschen während des Gottesdienstes immer vor Augen steht.

Leider oft nur den Frauen, denn so hatte man mir erzählt, blieben die Männer draußen, warteten und tranken dabei ihr Bier. Das ist zwar eine andere Wahrheit, sicher nicht ganz die, von der der Vers in der Kirche erzählt, aber immerhin. Sie führt auch Menschen zusammen und lässt sie einen Weg miteinander teilen.

Alte Gemeindeglieder haben mir erzählt, dass der damalige Pfarrer so eine gewaltige Stimme gehabt hat, dass die Predigt im ganzen Dorf zu hören war. So haben die Männer auch ihren Gottesdienst gehabt, wenn auch auf besondere Art und Weise. Vielleicht ist das ein Modell für die Zukunft, Frühschoppen-Gottesdienste. Da hören die Menschen noch einmal ganz anders zu.

Heute gibt es in dieser Kirche nur noch wenige Gottesdienste. Dafür mehr Konzerte und andere Veranstaltungen. Die Menschen, die kommen, haben nicht immer Gott im Sinn, eher die Freude auf schöne Musik oder auf den Kaffee, den es anschließend immer gibt. Jedoch auch sie können sich dem Kanzelvers nicht entziehen. Sie müssen ja nach vorne schauen, denn da spielt die Musik.

Ich weiß nicht, was sie beim Lesen dieses Wortes bewegt, ob sie darüber nachdenken oder es nur einfach schön oder weniger schön finden. Nur vorbeistehlen können sie sich trotz allem nicht. Das Wort steht da und predigt stumm.

Manchmal denke ich, was wird wohl aus unseren Kirchen, wenn wir in den Gemeinden immer weniger werden. Ich will nicht verschweigen, dass sich damit auch eine gewisse Traurigkeit breit macht. Diese rechnet so wenig mit Gott.

Diese lässt sich blenden, von dem, was augenblicklich da ist und sich eventuell nie ändern wird.

Doch dann sitze ich wieder in dieser Kirche und schaue nach vorn. Ein warmer Sonnenstrahl fällt plötzlich auf den Vers und bringt ihn zum Leuchten.

Mitten in diesem Geschehen spüre ich, Gott macht Dinge anders. Er spricht auch in diesen Zeiten zu den Menschen, und sei es nur, dass sie diesen Vers lesen, während sie den Klängen der Instrumente lauschen. Etwas geht dann doch ins Herz und bewegt. Und führt sie dann möglicherweise auf Wege, wo sie dem begegnen, der der Weg und die Wahrheit und das Leben ist.

Gott, denke ich, ich bin oft so zaghaft, male dunkle Zukunftsbilder. Traue dir so wenig zu, habe so wenig Geduld, auf deinen Weg mit den Menschen zu warten. Ich möchte oft sofort Erfolge sehen und kann es nicht aushalten, dass Erfolg bei dir ganz anders ist als das, was ich für Erfolg halte. Und oft weiß ich gar nicht, wie der Weg zu gestalten ist.

In den Jahren meiner Gemeindearbeit habe ich das immer wieder hier und dort gespürt. Ich habe diesen oder jenen Weg probiert, bei manchem glaubte ich sogar: Jetzt hast du es.

Und musste mir sagen lassen: Denkste. Musste erkennen, dass wir uns manchmal selbst im Wege stehen, nicht nur mit unseren Zweifeln und unserer Ängstlichkeit, sondern auch mit unserer Selbstüberschätzung.

Dass Wege gelingen, dafür gibt kein Rezept außer diesem:

Vertrau dem Herrn deinen Weg an. Vertrau darauf, dass er das tun wird, was zum Ziel führt. Denn er ist Weg, Wahrheit und Leben.

In meinen Ohren klingen dabei die Worte eines alten Kirchenliedes von Paul Gerhardt, das mir auch in Zeiten, wo Wege verschwammen, Trost und Hoffnung gegeben hat.

Befiehl du deine Wege
und was dein Herze kränkt,
der allertreusten Pflege des,
der den Himmel lenkt.

Der Wolken, Luft und Winden
gibt Wege, Lauf und Bahn,
der wird auch Wege finden,
da dein Fuß gehen kann.

Evangelisches Gesangbuch Nr. 361

Lass mich am Morgen hören deine Gnade, denn ich hoffe auf dich.

Psalm 143, 8

Foto: Annett Nast

Eine junge Frau sagte mir, als ich ihr von meinen Gebetszeiten erzählte:

Die 20 Minuten habe ich nicht. Mein Tag ist voll. Das kann ich mir nicht erlauben. Ich habe soviel zu erledigen. Mir bleibt im Augenblick keine Zeit zum Beten. Den Luxus kann ich mir nicht leisten.

Solche oder ähnliche Entschuldigungen höre ich öfter. Die Menschen wollen mir sagen, warum sie es mit Beten nicht schaffen. Ich höre dann auch das: Es ist nicht böse gemeint, aber Sie haben eben mehr Zeit, Herr Pfarrer. Sie können sich diesen Luxus gönnen.

Das mag sein, dennoch glaube ich, dass wir uns oft vom Alltag diktieren lassen, was wir unbedingt machen müssen. Die Zeit, sich auf meinen Ursprung und meine Mitte zu besinnen, kommt da schlicht nicht vor. Das Leben treibt uns, manchmal auch ganz unbarmherzig.

Ich kenne Menschen, die das gerne anders hätten, sie kommen jedoch nicht gegen an. Der Strom des Alltags reißt sie förmlich mit.

Mir ging das jahrelang in meinem Dienst als Pfarrer genauso. Ich stand morgens auf, las schnell das Herrnhuter Losungswort, frühstückte und sah schon die ganze Arbeit vor mir liegen.

Und dann war sie weg, die Zeit zum Beten. Abends war ich dann oft zu müde und so wurde es auch da nichts. Insgeheim habe ich mich immer geärgert, da ich wusste, dass das an meinem schlechten Zeitmanagment lag.

Ich aber kriegte das nicht organisiert. Es machte mich wütend, weil ich ja eigentlich die große Sehnsucht hatte, mit Gott zu reden und darauf zu hören, was er mir zu sagen hatte.

So ging das etliche Zeit, bis ich zu Exerzitien fuhr und Ignatius von Loyala kennenlernte. Bei ihm las ich, dass man sich anschauen soll, was einem wichtig ist. Dann darf man es Gott hinhalten und darum bitten. Wenn ich also eine tiefe Sehnsucht nach mehr Nähe zu Gott verspüre, dann darf ich zu Ihm gehen, es ihm zu Füßen legen und dafür bitten.

Das habe ich dann getan und die andere Dinge dieser Sehnsucht untergeordnet.

Und plötzlich fand ich Zeit. Ich machte schließlich die Erfahrung, dass die Zeit, die ich mir zum Beten nahm, nicht fehlte, sondern mir sogar mehr Zeit verschaffte, auch wenn an manchen Tagen viel zu tun war. Das war ein kleines Wunder, ein Zeitwunder Gottes.

Heute kann ich sagen, das Gespräch mit Gott ordnet alle anderen Dingen. Ich sehe durch ihn, was wichtig ist und was eher warten kann oder gar nicht mehr bearbeitet werden muss. Es gibt eben auch Dinge, die ich lassen darf, ich muss nicht alles erledigen.

Ich habe mir angewöhnt – auch das ist eine Übung – den Tag mit einem Morgenlob zu beginnen. Ich nehme dann meinen Kalender mit all den Terminen des Tages und lege ihn Gott hin. Er hat das Recht zu streichen. Es kann also sein, dass der eine oder andere Termin nicht stattfindet, weil er sagt: Lass es. Dann brauche ich nur noch den Mut einzustimmen.

Auch habe ich mir angewöhnt, morgens um seine Gnade für diesen Tag, zu bitten. Ich weiß, dass der Tag dann anders laufen wird. Ich habe dabei die Erfahrung gemacht, dass ich aufmerksamer durch den Tag gehe, weil ich sein Gnadenhandeln wahrnehmen und ihn dafür loben möchte.

Ich glaube, dass wir das wieder neu lernen müssen, Zeit mit Gott zu verbringen, ohne Angst zu haben, dass wir wichtiges im Leben verpassen.

Denn dort, wo wir uns auf ihn ausrichten, spüren wir neu das Licht seiner Güte. Und wo wir uns auf sie einlassen, geschieht Wunderbares in unserem Leben. Dann erfahren wir in jedem Augenblick, dass seine Liebe das Ja zu uns spricht und er sich freut, wenn wir bei ihm ankommen und sich unser Mund öffnet, um dem Lob des Schöpfers neuen Raum zu geben.

Petrus antwortete: Herr, wohin sollen wir gehen, du hast Worte des ewigen Lebens.

Johannes 6, 68

Foto: Christian Moritz

In der Zeitung stand einmal, dass ein Mann mit seinem Auto ins Wasser gefallen war, weil er seinem Navi mehr vertraute als der Karte. Das hat mich etwas irritiert. Ich gebe zu, dass auch ich ein Navi benutze und manchmal seltsame Wege geführt werde. Das passiert vor allem in Gegenden, die ich nicht so genau oder gar nicht kenne. In der Regel nehme ich jedoch vorher die Karte zur Hand und sehe mir an, wie ich denn zum Ziel gelangen werde. Das ist mir sicherer, als sich allein auf das Navi zu verlassen.

Die Frage, ob ich die richtige Richtung einschlage, ist entscheidend dafür, ob ich dort ankomme, wo ich hin will. Das ist eigentlich eine Binsenweisheit. Wer möchte sich schon verlaufen oder verfahren. Das kostet alles Zeit und Nerven.

Als junger Mensch bin ich mit meinem Freund auf große Fahrt gegangen. Wir hatten ein Ziel, nur leider keinen Plan. Wir sind einfach losgetrampt und standen dann mitten in einem fremden Land orientierungslos da.

Irgendjemand hat uns dann mitgenommen und wieder auf den richtigen Weg gebracht. Das war ein echtes Glück. Später hat mir jemand erzählt, dass die Gegend, wo wir eigentlich hin wollten, für uns nicht ganz ungefährlich gewesen wäre. In diesem Augenblick dachte ich: Da ist doch ein Engel am Werk gewesen, den der Herr mir sandte, um meinen Weg vor Schlimmeren zu bewahren. Er hat die Richtung zum Guten korrigiert. Wie gut, dass Einer da ist, der den richtigen Weg für mich weiß.

Der Antwort des Petrus geht eine Frage voraus.

Wollt auch ihr gehen, fragt Jesus seine engsten Freunde. Viele, die mit ihm auf dem Weg waren, hatten sich plötzlich abgewandt, weil sie die Botschaft nicht mehr ertragen konnten.

Das war damals so, und es ist heute so. Ich habe viele Menschen begleiten dürfen. Manche waren sehr begeistert von Jesus und seinem Leben. Sie engagierten sich in der Gemeinde, kamen in meine Gottesdienste. Auch ich war absolut begeistert von diesen Menschen.

Doch dann waren sie plötzlich weg. Das hat mich traurig gestimmt, denn ich spürte: Sie hatten das wichtige Ziel des Lebens gegen andere eingetauscht. Und Jesus hatte sie nicht daran gehindert.

Dies war viele Jahre für mich unverständlich, weil ich der festen Überzeugung war, der Herr muss doch eingreifen. Er kann einen Menschen doch nicht so einfach gehen lassen. Dann las ich diesen Vers im Johannesevangelium, den ich eigentlich gut kannte. Was mir auffiel: Jesus hielt die Menschen nicht fest. Er hinderte sie nicht daran zu gehen. Er war sicher nicht begeistert darüber, aber er hielt das aus. Er schränkte die Freiheit der Menschen nicht ein, sich für ihn oder für anderes zu entscheiden. Diese Souveränität Jesu hat mich sehr beeindruckt und begeistert. Er hält uns Menschen aus, egal wie wir sind.

In meiner Zeit als Pfarrer gab es einen Punkt, wo ich glaubte, nicht mehr gut genug für den Dienst zu sein. Ich hatte Fehler gemacht, etliches lief in der Gemeinde und auch in der Familie nicht rund. Irgendwie hatte ich sogar das Gefühl, dass mir niemand den Rücken stärkte, ja die Dinge sich eher gegen mich zu wenden schienen. So saß ich eines Abends in meinem Amtszimmer und dachte über alles nach.

Herr, dachte ich, ich bin nicht mehr gut genug für dich. Es wäre besser, wenn du dich nicht mehr um mich mühst. Tränen rannen an meinen Wangen herab, mein Weg schien gescheitert. Da setzte sich jemand unerwartet mir gegenüber in den Sessel und sagte: Christian, willst du wirklich, dass auch ich gehe?

Ich erinnere mich, dass ich ganz laut schrie: Nein, Herr, geh nicht weg. Du hast Worte ewigen Lebens.

Dann kehrte Frieden ein, ich wusste, Er hatte mich besucht, um mir neu die Richtung und das Ziel zu zeigen, das ich bei allen meinen Selbstvorwürfen vollkommen aus den Augen verloren hatte.

Jesus fragt seine Jünger, fragt uns: Wollt auch ihr gehen? Ihr könnt es, die Freiheit gebe ich euch. Ich zwinge niemand.

Du darfst deinen Weg wählen, auch wenn dieser Weg dich vielleicht in die Unzufriedenheit führt.

Jesus fragt und überlässt uns unseren Antworten. Manche Menschen sind sehr überzeugt, dass sie die Antwort auf das Leben haben und sie Gott dafür überhaupt nicht brauchen. Jesus redet uns da nicht rein. Er lässt uns mit unserer Antwort leben, auch wenn sie uns eines Tages vielleicht zerstört. Wir sind freie Menschen, keine Marionetten Gottes.

Manchmal gehen uns Menschen jedoch die Augen auf. Das ist eine große Gnade. Petrus hat diese geschenkt bekommen und antwortet: Herr, wohin sollen wir denn gehen? Du hast Worte des ewigen Lebens.

Ein Mensch spürt: Die Antwort nach dem Weg, der zum wirklichen

Lebensziel führt, kann ich mir nicht selbst geben. Meine Worte sind endlich. Sie vergehen. Meine Gedanken sind endlich. Sie hören spätestens dann auf, wenn ich nicht mehr bin.

Petrus jedoch spürte in seinem Herzen, dass wir mehr als vergängliche Worte brauchen.

Wir sehnen uns nach Ewigkeit, nach dem, was nicht weggespült wird, sondern über alle Zeiten hinaus bleibt und die Richtung weist. Kein Mensch würde sich an einen Ast hängen, von dem er weiß, dass dieser jede Minute abbrechen kann. Es ist nur komisch, dass wir im Leben uns oft an Dinge hängen, die so zerbrechlich sind und von denen wir eigentlich wissen, dass sie ihre Zeit haben.

Es ist wirklich ein großes Geschenk, wenn es anders kommt und ich die Worte ewigen Lebens entdecke und annehmen kann. Über diese Erkenntnis bin ich sehr dankbar geworden.

Neulich sprach ich mit jemand auf dem Golfplatz darüber, der meinte, dass Dankbarkeit wirklich etwas Wesentliches im Leben sei, eben ein Geschenk. Diese Antwort hat mich hoffnungsvoll gestimmt. Dieser Mensch sagte dann zu mir: Und diese Dankbarkeit, die habe ich.

Mir schien bei diesen Worten, dass der Herr da schon etwas geschenkt hat, auch wenn dieser Mensch noch auf der Suche ist und sich ihm die Worte ewigen Lebens noch nicht gänzlich erschlossen haben.

Wohin sollen und werden wir gehen?

Mir sagte mal jemand, als wir über das Leben und sein Ende sprachen: Ich will jetzt Spaß haben. Am Ende klappt der Deckel zu. Das war es dann. Mehr kommt nicht.

Irgendwie hat mich das erschreckt. Was für eine traurige Lebensperspektive, dass denke ich bis heute. Wie gut, dass ich durch Jesus weiß, dass nach dem Deckel noch etwas kommt.

Dass ich nicht verloren bin, sondern in der Ewigkeit bei Ihm, dem Schöpfer, aufgehoben.

Ein Kinderarzt hat mir mal erzählt, dass er ein Nahtodeserlebnis hatte. Er durfte kurzzeitig den Himmel sehen, seitdem glaubt er an die Ewigkeit. Das hat mich sehr beeindruckt. Jesus war ihm nahe gekommen und hatte ihm Worte und Bilder ewigen Lebens geschenkt.

Menschen wollen nicht einfach so vergehen. Abgesehen von manch plumpen Antworten, die vielleicht Unsicherheit überspielen wollen, schlummert im Menschen die Sehnsucht nach Ewigkeit.

Ich habe das beobachtet. Wir haben in unserem Kirchturm eine Treppe gebaut, die vollständig durch Spenden finanziert worden ist. Unten im Erdgeschoss hängt eine Tafel mit allen Namen der Geldgeber. Manche leben schon nicht mehr, aber ihr Name bleibt und wird noch lange Zeit zu lesen sein. Das ist ein kleines Stück Ewigkeit.

Die große und eigentliche Ewigkeit kann ich mir jedoch nicht kaufen. Sie wird mir geschenkt, wenn ich wie Petrus dem Christus Antwort gebe:

Herr, wohin sollen wir gehen?

Du, Jesus, hast Worte ewigen Lebens.

Möglichkeiten
zur Gestaltung eines eigenen Gebetsweges

Wähle deinen Ort und gestalte ihn

Wie im Vorwort schon erwähnt, kann man mit diesem Buch einen eigenen Gebetsweg gestalten. Darum möchte ich als kleine Hilfe noch einige Hinweise aufschreiben.

Wähle einen Ort, wo du in der nächsten Zeit beten willst.

Das hilft, sich schneller einzufinden und sich auf das Eigentliche zu konzentrieren. Der Ort soll schön sein und mich inspirieren.

Für den einen ist es ein bestimmter Platz im Wohnzimmer, für einen anderen ein Ort in der Natur. Wichtig erscheint mir, dass es ein ungestörter Ort sein sollte. Nichts und niemand sollte in meine Zeit mit Gott reinplatzen und sie unterbrechen. Darum ist es auch hilfreich, das Telefon aus- oder stummzuschalten. Nichts soll mich ablenken in dieser Zeit.

Gestalte den Ort.

Mein Platz zum Beten soll etwas für mich ausstrahlen. Ich kann mir ein Bild hinstellen, ein Kreuz oder auch eine Ikone. Auch Blumen und eine Kerze geben diesem Ort ein besonderes Gesicht.
Was also die Gestaltung betrifft, darf ich sehr kreativ sein und diesen Raum so zurecht machen, dass er mich anspricht und mir gefällt. Ich soll mich ja gern einfinden und mich freuen, bald wieder an diesem Ort zu sein.
Achte jedoch darauf, dass der Ort nicht überladen wird mit zu vielen Elementen. Das kann mich ablenken und vom Wesentlichen wegführen.

Gestaltung einer Gebetszeit

Finde dich zunächst ein. Überlege dir, wie du sitzen möchtest. Es sollte dir eine gute Gebetshaltung ermöglichen. Manche sitze dabei gern aufrecht auf einem Stuhl, andere wählen ein Kniebänkchen. Hier gibt es keine Festlegungen, jeder muss schauen, womit er gut umgehen kann und was hilfreich für ihn ist. Ich warne nur vor dem Sessel oder dem Sofa, weil die Bequemlichkeit uns schnell vereinnahmen und wegführen kann.

Wenn du dich eingefunden hast und vielleicht eine Kerze angezündet hast, dann bleibe einen kurzen Augenblick still. Erst dann sprich ein Vorbereitungsgebet. Bei diesem geht es darum zu bitten, was ich erhoffe und ersehne. Gott will konkret angesprochen werden. Ich darf und soll meine Wünsche und Sehnsüchte formulieren. Sie zur Sprache bringen, hilft, sich mehr und mehr auf das Ziel auszurichten. Offen bleibt, was Gott dann sagen wird. Ich schreibe das nicht vor, sondern ich warte und erwarte, dass er eine Antwort geben wird, die ich annehmen darf und kann. Dabei kann es auch sein, dass meine Sehnsucht von Gott geformt und verändert wird. Bespiele für Vorbereitungsgebete findest du auf der nächsten Seite. Sie können eine Hilfe sein, falls mir nicht sofort ein Gebet in den Sinn kommt. Aber ich darf und kann auch eigene Worte finden und sie Gott sagen.
Nach dieser Vorbereitung lese ich den Bibelvers und halte inne. Ich lasse ihn auf mich wirken und kann anschließend die Betrachtung dazu lesen. Dieser kann sich eine Zeit der Stille folgen. Ich empfehle für den Anfang 20 Minuten, später kann diese Zeit ausgedehnt werden. Am Ende der Stille kannst du mit Gott darüber reden, was dich bewegt. Du kannst auch für Menschen beten, die dir am Herzen liegen. Als Abschlussgebet empfehle ich jedoch das Vater unser. Danach kannst du dich segnen mit einem Kreuzeszeichen. Stehe nicht gleich auf, sondern verweile noch einen Augenblick und schau auf die Gebetszeit zurück. Und wenn du möchtest, schreibe dir wichtige Impulse in einem Gebetstagebuch auf. Dann kannst du immer wieder das Erlebte nachlesen.

Vorbereitungsgebete

Jesus, ich komme zu dir, so wie ich bin mit allem, was mich jetzt bewegt und was mir durch den Kopf geht. Ordne du alles, richte mich aus auf dich und lass mich hören, was du mir sagen willst.
Öffne mein Herz, dass es das fassen kann.
Amen.

Gott, du kennst mich. Vieles bewegt mich, vieles treibt mich um. Lass mich jetzt ganz bei dir sein. Schenke mir Aufmerksamkeit, dass ich sehe, was du mir zeigen möchtest. Schenke mir den Mut, es anzunehmen und dich dafür zu loben.
Amen.

Herr, mitten auf meinem Weg willst du mir begegnen mit Worten des ewigen Lebens. Öffne mich, damit ich sie höre. Lass eindringen in mein sehnsüchtiges Herz, deinen Frieden, dein Güte und den Glanz deiner Herrlichkeit, der meinen Weg hell macht und mich mutig macht zu tun, was ich noch nicht getan habe.
Amen.

Der Tagesrückblick - das Gebet der liebenden Aufmerksamkeit

Am Ende eines Tages darf ich mir Zeit nehmen, auf ihn zurückzuschauen. Alles, was dieser Tag mit sich brachte, darf ich im Gebet vor Gott bringen. Die folgenden Schritte dienen als kleine Anregung dafür.

Sich einfinden und still vor Gott werden. Dabei darf ich auch den eigenen Leib wahrnehmen. Wie bin ich jetzt da vor Gott?

Zurückschauen

Ich blicke auf den Tag zurück
Ich lasse die Stunden an mir vorbeiziehen, die Orte, an denen ich gewesen bin oder auch die Menschen, denen ich begegnet bin.
Was bewegt oder berührt mich jetzt?
Worüber habe ich mich gefreut?
Was wurde mir heute geschenkt?
Worüber bin ich traurig? Woran leide ich? Was ärgert mich?

Beten

Alles, was jetzt in mir da ist, darf ich ins Gebet vor Gott bringen - als Lob, als Klage, als Dank oder Bitte. Und dann den Tag vertrauensvoll in Gottes Hände zurücklegen. Ich kann als Abschluss ein Vater unser beten und mich segnen mit dem Zeichen des Kreuzes.

Aufmerksam für Gottes Gegenwart im Alltag

Zu Beginn eines Tages bitte ich Gott, dass er heute aufmerksam für seine Gegenwart macht. Dann gehe ich mit großer Gelassenheit und voller Erwartung in den Tag hinein.

Ich bin mir bewusst, dass er mir in den Menschen begegnen kann, die heute meinen Weg kreuzen. Ich achte auf mein Tun und auf die Dinge, die ich heute in die Hand nehme. Und bin mir bewusst, dass alles ein Geschenk ist und aus seiner guten Hand kommt.

Wenn ich möchte, kann ich mehrmals am Tag innehalten und zurückblicken.
Was war in den vergangenen Stunden?
Habe ich Gottes Gegenwart gespürt?
Ist mir ein Mensch begegnet, der für mich wie ein Geschenk war?

Ich darf wahrnehmen , was mich umgibt. Die Natur, meinen Wohnraum, meinen Arbeitsplatz.
Gibt es etwas, woran ich mich freue?
Fällt mir etwas besonders ins Auge, wofür ich dankbar bin?

Vielleicht schreibe ich es mir sogar auf, wo ich seine Gegenwart spürte, seine Güte im Alltag aufleuchtete, um am Abend dafür zu danken, zu loben und sich das Herz mit Freude füllen zu lassen.

Und zuletzt - eine kleine Weggeschichte für Entmutigte

Draußen in der großen Stadt hat der Herbst Einzug gehalten. Buntschillernde Blätter lösen sich von den Bäumen und nähern sich im sanften Flug dem Boden. Blatt für Blatt deckt die Straße zu und ich schaue staunend auf das mir so unendlich scheinende Treiben.

Wir sitzen im Warmen beim Italiener und unterhalten uns. Ich weiß nicht, wie viele Jahre es her ist, als wir uns das letzte Mal gesehen hatten. Doch als wir uns gegenüber sitzen, scheint es, als wäre es erst gestern gewesen, so vertraut ist mir der andere.
Wir sprechen über mancherlei, die Familie, den Job, die Erinnerung an die Studententage.
Und hast du dein Ziel erreicht, frage ich neugierig und sehe plötzlich in traurige Augen. Das Leben ist nicht einfach, sagt mir mein Gegenüber. Gewiss, meine ich, du hast schon recht.

Manchmal, spricht mein Gegenüber weiter, scheint es mir, als hätte es mich vergessen. Denn immer, wenn ich etwas erreichen wollte, passierte das Gegenteil. Das zermürbt dich auf Dauer.
Das glaube ich dir, erwidere ich und weiß eigentlich gar nicht so recht, was ich jetzt noch sagen soll. Ein Trostwort, denke ich, ein Trostwort muss her. Mir fällt leider keins ein.

Einen kleinen Augenblick wird es still, eine Träne rinnt meinem Gegenüber die Wange herunter. Es scheint, sagt er leise, als wäre das Licht erloschen und nur der winzige Docht glimmt noch vor sich hin. Alles ist dann nur noch eine Frage der Zeit, wann auch dieser sein Leuchten aufgibt.
Mir schießt ein Wort aus einem alten Prophetenbuch durch den Kopf: Das geknickte Rohr wird er nicht zerbrechen und

den glimmenden Docht wird er nicht auslöschen.

Ich zögere, überlege, ob ich das sagen soll oder nicht. Doch dann öffnet sich mein Mund und das Wort macht sich Bahn. Mein Gegenüber zuckt einen kurzen Augenblick und fragt: Wer sagt das denn? Seine Haltung wirkt etwas angespannt, doch seine Augen sind voller Neugierde auf mich gerichtet. Gott, sage ich, Gott sagt das zu dir. Er hat dich nicht vergessen.

Nun ist es still im Raum. Ich warte gespannt auf die Reaktion meines Gesprächspartners. Er lächelt und antwortet ein wenig zögernd: Meinst du wirklich, ich bin nicht vergessen. Ja, sage ich und dann steht er auf und drückt mich ganz fest. Hoffnung, es gibt Hoffnung, flüstert er mir ins Ohr. Mir scheint es in diesem Moment, als hätte nicht ich, sondern der Herr selbst diesem Menschen das Trostwort gesagt.

Mein Gegenüber verabschiedet sich und während er den Raum verlässt, sehe einen Menschen gehen, der voller Hoffnung ist, dass sein Docht nun wieder neu leuchten wird.

Nicht weil das Leben uns so gut gesonnen ist, sondern weil der Schöpfergott uns nie vergisst und mit seinem Licht das unsere immer wieder neu anzündet.

Quellenverzeichnis

Evangelisches Gesangbuch
Ausgabe für die Evangelische Kirche Berlin-Brandenburg
Evangelische Haupt-Bibelgesellschaft Berlin
Evangelische Verlagsanstalt GmbH Leipzig
Wichern-Verlag Berlin
1993

Die Bibel
nach Martin Luthers Übersetzung
Lutherbibel revidiert 2017
Herausgegeben von der Evangelischen Kirche Deutschlands
Deutsche Bibelgesellschaft Stuttgart 2017

Fotos:

Annett Nast
Christian Moritz
pixabay.de

Printed by Books on Demand GmbH, Norderstedt / Germany